Z 2274
+R g.

(G.al Fayolle et Chênedollé)

24383

ESPRIT DE RIVAROL.

Ne ludibria ventis.
VIRO.

A PARIS,

Chez les principaux Libraires, et chez les Éditeurs, rue St-Honoré, N°. 333, vis-à-vis le marché des Jacobins.

M. DCCC. VIII.

IMPRIMERIE DE H. PERRONNEAU.

NOTICE
SUR RIVAROL.

Tu Marcellus eris.
Virg.

Si Rivarol, mort à 47 ans, avait pu mettre la dernière main au *Discours préliminaire de son Dictionnaire de la langue française*, et sur-tout à sa *Théorie du corps politique*, où l'on trouvait une foule de vues grandes et neuves, cet homme qui passe pour un esprit très-fin et un écrivain très-ingénieux, serait regardé comme un homme capable de graves et hautes méditations. Quand on aura lu cette notice et l'*Esprit de Rivarol* que nous publions aujourd'hui, on reconnaîtra aisément qu'il participait à la fois de l'énergie de Montesquieu, de la verve de Diderot, de la finesse de Fontenelle et de la vivacité de Piron.

Rivarol naquit à Bagnols en Languedoc, en 1754. « Rivarol, dit M. de Flins, est un des premiers hommes de lettres que j'aie connus; je l'avois rencontré chez Dorat, il resta ma connaissance, mais il ne fut jamais mon ami; je puis en parler avec impartialité, sans affection et sans humeur. »

« Il avoit reçu de la nature une figure agréable, des manières distinguées, une élocution pleine de facilité et de grace; il dut à ces dons extérieurs ses premiers succès dans quelques cafés littéraires, et principalement à celui du Caveau. Collé, Favart et Piron n'étaient plus, ou du moins ils vivaient retirés du monde; avec eux le Caveau avait perdu cette gaieté franche et ces saillies brillantes, qui sont comme les éclairs de l'esprit; mais Champfort, Duruflé, et quelques autres gens aimables lui conservaient encore quelque renommée. »

« Rivarol s'y fit bientôt remarquer ; son talent pour la raillerie lui attira quelques ennemis et beaucoup de partisans : car nous naissons presque tous avec un penchant secret à la méchanceté. Il ne manque à la plupart des hommes que de l'esprit pour être malins ; et lorsqu'il paraît un homme doué de ce talent malheureux, les gens médiocres et jaloux le flattent et l'excitent comme un champion propre à servir leur impuissante malignité, mais ils le caressent sans l'aimer. Ils se réjouissent des coups qu'il porte et de ceux qu'il reçoit. Eprouve-t-il quelques revers, ses plus zélés partisans sourient à son humiliation. C'est toujours ce public inconstant dont parle Voltaire :

« Qui flatte et mord, qui dresse par sottise
« Une statue, et par dégoût la brise. »

Quelques pamphlets signalèrent les premiers pas de Rivarol dans la carrière des lettres. Telles sont sa *Lettre sur les aérostats*, ses *Lettres sur le poëme* des *Jardins*, et la *satire* sur le même poème, intitulée *le Chou et le Navet*. Cérutti disait de cette satire : *c'est un fumier jeté sur les Jardins de M. Delille, pour les faire mieux fructifier.*

Bientôt Rivarol s'annonça en littérature par sa traduction du *Dante*. Buffon, à qui il l'envoya, s'écria après l'avoir lue : *Ce n'est point une traduction, mais une suite de créations.*

C'est dans la traduction du *Dante* que Rivarol a montré tout ce que peut la patience et la flexibilité du talent. Il n'y a point d'artifice de style dont le traducteur ne se soit avisé, pour varier ses formes ; et quand il ne peut présenter une image en face, il l'offre par son profil ou par son revers. Dans cette lutte hardie avec le plus extraordinaire des poètes, notre langue semble avoir conquis une foule de tournures et d'expressions nouvelles. La traduction de ce singulier génie offrait trois problèmes difficiles à résoudre : il fallait rendre son énergie, ennoblir sa bassesse et deviner ses obscurités ; et l'on peut dire que Rivarol les a presque toujours résolus avec beaucoup de bonheur. Cette traduction est peut-être de tous les ouvrages de Rivarol celui dont le style est le plus sain; et il y a beaucoup de morceaux dignes d'être placés à côté de ceux de nos maîtres.

Rivarol disait : «On a imprimé dans le *Mercure* que la traduction du DANTE *n'était pas fidèle* : on a imprimé ailleurs que le discours sur L'UNIVERSALITÉ DE LA LANGUE FRANÇAISE, *n'étoit pas français.* Je dois sans doute beaucoup d'égards et de reconnaissance aux deux écrivains qui m'ont successivement fait l'honneur de me critiquer; mais je suis pourtant fâché que l'un de mes critiques (M. Framery) ait si bien prouvé qu'il ne savoit pas l'italien, pour mieux démontrer que je n'avais pu traduire le *Dante;* et que l'autre (M. de Sauseuil) ait cru devoir faire beaucoup de solécismes, pour mieux prouver que je ne savais pas le français. »

Le *Discours sur l'universalité de la langue française* partagea le prix avec une dissertation allemande sur le même sujet. Les deux auteurs couronnés développent très-bien les causes de *l'universalité de la langue française*, et qui l'ont rendue la langue classique de l'Europe; mais ils se sont bien gardés d'éclaircir la troisième partie de la question proposée par l'académie de Berlin : *Est-il à présumer qu'elle conserve cette universalité ?*

M. Clément, de Dijon, s'est chargé de suppléer à leur silence, et voici le précis de ses observations.

« Il est certain que notre langue ne peut plus périr : les ouvrages de nos grands maîtres l'ont rendue immortelle. Mais ne pourrait-il pas arriver que la langue de nos fameux écrivains fût un jour une langue morte et savante, qu'on étudierait comme la grecque et la latine; tandis qu'une autre langue française serait vivante et méprisée? Du moment que la littérature est sacrifiée aux sciences exactes, toutes sortes d'esprits, sans élévation, sans génie, sans aucune connaissance du style et de la langue, se jettent dans cette carrière, et le jargon scientifique domine *universellement*. La langue française doit donc dépérir de jour en jour avec les belles-lettres. La plupart des écrivains ignorent, je ne dis pas seulement le génie, les richesses et les ressources de leur langue; mais ses règles, ses exceptions, ses propriétés, ses élémens, ses racines, ses constructions, ses tours et le meilleur usage de ses locutions. L'instruction à cet égard est négligée avec un mépris rustique. Les tribunaux, les théâtres retentissent de barbarismes ambitieux et des fautes les plus grossières contre la langue, sans compter les tours impropres; les phrases louches, les constructions sauvages, les expressions antipathiques et forcées, qui ne sont d'aucun idiome. »

« Bientôt un monstrueux idiôme composé de tous les patois provinciaux, reléguera la langue vraiment française dans les bibliothèques, et dominera parmi nous sous le nom de *bas français*, comme les Romains virent *la basse latinité* régner dans le Bas-Empire. Quels seront alors nos droits à l'estime et à l'accueil des étrangers ? Que deviendra l'*universalité de la langue française* ? »

La Harpe, dans ses *Lettres à Paul 1er*, porte ce jugement sur le Discours de Rivarol : « L'auteur développe les causes de l'universalité de la langue française avec beaucoup d'esprit, mais par fois avec celui d'autrui, notamment de l'abbé de Condillac. Il a des connaissances; son style est rapide et brillant, mais gâté à l'excès par l'abus des figures et des métaphores. »

En effet, le style de Rivarol est une métaphore continuelle. C'est un style phosphorique. L'auteur sacrifie trop le goût à l'esprit. C'est l'enfant gâté de l'imagination.

Souvent aussi son esprit dégénère en subtilité. M. de Fontanes le compare à l'effet des rayons du soleil qui viennent se briser dans un bloc de glace, et s'y reflètent en mille manières ; ils éclairent, ils éblouissent, ils n'échauffent pas.

Il est assez singulier que parmi les causes de l'*universalité* de la langue française, Rivarol ait oublié la liaison de Voltaire et de Frédéric II, qui répandit notre langue dans le nord de l'Europe. On sait que ce grand roi défendit de parler allemand à sa cour. Cette remarque eût été d'autant plus flatteuse pour l'académie de Berlin, qui avait proposé la question, que cette académie avait été fondée par Frédéric lui-même.

Parmi les erreurs de détail et les assertions équivoques qu'on rencontre dans le Discours de Rivarol, il en est une sur-tout que nous ne pouvons passer sous silence. Est-il vrai, par exemple, que la prose ait devancé la poésie française ?

Avec un peu d'attention, Rivarol aurait reconnu que le *Cid* avait précédé les *Provinciales*; et que par conséquent Corneille s'était placé entre Malherbe et

Pascal. Tant il est vrai, dit M. Guéneau, que *l'origine de toutes les langues est poétique, et que la première parole de l'homme fut une inspiration.*

Il y aurait bien d'autres objections à faire sur ce que l'auteur dit de la poésie française. C'est, comme on l'a remarqué, une poétique particulière, où il entre beaucoup d'intérêt personnel.

Toutefois Rivarol connaissait les priviléges de la poésie, et les a toujours respectés dans ses discours comme dans ses écrits. Mais il était fatigué d'entendre bourdonner à ses oreilles l'essaim des mauvais poètes, et de voir les avenues du Parnasse français obstruées par eux. C'est pour en faire justice qu'il publia le *Petit Almanach des grands hommes.* Il révéla tout d'un coup à la renommée cette masse d'écrivains que leur nullité partielle protégeait contre le ridicule. C'était le moyen le plus sûr d'arrêter l'émission annuelle de leurs poésies vraiment fugitives. Ceux qui sentaient vivement leurs torts, se fâchèrent, comme de raison; mais aucun n'eut l'esprit de se corriger. Défendre à un mauvais poète de rimer, c'est défendre à la comtesse de Pimbêche de plaider.

Le *Petit Almanach* fit éclore une foule de satires contre Rivarol, tant en vers qu'en prose. Il suffit de rappeler ici les *Bagnolaises*, la *Satire de M. Chénier*, le *Dialogue en vers de M. de Flins*, et l'écrit de Cérutti publié sous le titre de *Satire universelle*.

Quelques années avant la révolution, Rivarol écrivit dans le Mercure, sous le voile de l'anonyme, plusieurs articles littéraires qui parurent très-brillans, même à côté de ceux de M. Garat. L'anonyme est de tous les *incognitos* le seul où l'amour-propre ait quelque chose à gagner. D'une part, on se met à l'abri de la critique aux yeux des lecteurs, et de l'autre, on reçoit en secret une plus grande somme d'éloges de la bouche d'un public, doublement disposé par envie à enfler les talens inconnus, et à rabaisser les hautes réputations.

Dès que le tocsin de la révolution se fit entendre, Rivarol embrassa la cause du roi et de la noblesse, dans le *journal* qui parut sous le nom de *l'abbé Sabbatier*. Les numéros de ce journal sont une suite de discussions où l'auteur allie un raisonnement vigoureux aux prévoyances d'une raison supérieure. Toutefois il glisse des épigrammes jusque dans son éloquence. Peut-être a-t-il trop confondu la langue écrite et la langue parlée. Il se laissait surprendre lui-même à la coquetterie de sa conversation, et transportait tous ses bons mots dans ses livres. Pas une de ses phrases qui ne se termine par un trait brillant ou épigrammatique. Ce besoin continuel de produire de l'effet répand dans son style une fatigue qui se communique au lecteur après quelques pages. Rivarol accusait M. G***. d'avoir des *phrases d'une longueur désespérante pour les asthmatiques*; sans doute les phrases de M. G***. font souvent perdre haleine, mais celles de Rivarol obligent à tout moment de la reprendre.

Quand Rivarol quitta la France en 1791, il passa d'abord à Bruxelles, où il resta un an. Son salon commença à devenir une espèce d'académie, dont il était l'orateur perpétuel. Les femmes les plus brillantes se rassemblaient autour de lui, mais seulement pour l'entendre. Il oubliait un peu trop que le silence obligé les contrarie; et, qu'après la fatigue de se taire, il n'en est pas de plus grande pour elles que celle d'écouter.

A Bruxelles, Rivarol publia diverses brochures, entre autres un *Dialogue entre M. de Limon et un homme de goût*, dont Mme. de Coigny disait : *C'est plus fin que le comique, plus gai que le bouffon, plus drôle que le burlesque.*

Au sortir de Bruxelles, il s'arrêta quelque tems à Amsterdam, et se rendit à Londres vers 1793. C'est dans cette dernière ville qu'il commença à s'occuper très-sérieusement de son grand ouvrage sur la politique, qu'il allait publier en 1801, sous le titre de *Théorie du corps politique*, quand la mort est venue le surprendre au milieu de ses travaux.

Les lecteurs nous sauront gré de leur tracer ici le plan de la *Théorie du corps politique*.

Rivarol avoit remonté à la

source des principes, et il débutait par des considérations sur la nature et sur l'art.

Il distinguait les corps en corps naturels et en corps artificiels. Les corps naturels ont un *moi* intérieur et indépendant. Les corps artificiels n'ont qu'un *moi* extérieur, un *moi* qui a pris naissance dans la tête de l'artiste qui les a créés. Parmi les corps artificiels, les uns sont composés d'élémens tout-à-fait bruts, et dans les autres il y a une mixtion d'élémens bruts et d'élémens intelligens. Tels sont les corps politiques, qui sont des corps artificiels, mi-partie d'élémens bruts donnés par la terre, et d'élémens intelligens donnés par la pensée de l'homme.

Ces principes une fois posés, il passait aux véritables élémens qui servent à la formation du corps politique, et il les trouvait dans l'union de l'homme et de la terre. Tant qu'une nation n'est point mariée avec un territoire, ce n'est encore qu'une peuplade ou une horde sauvage. Ainsi les Nomades, les Tartares ne sont point de vrais corps politiques. Ainsi la nation juive n'était point encore un corps politique, lorsque

Moïse l'entraînait au travers des déserts. Elle ne devint telle que lorsqu'elle prit racine dans la Judée (1).

Le but de Rivarol, en entre-

---

(1) M. de Chênedollé a essayé d'importer ces hautes considérations dans la langue poétique :

> Entre la terre et l'homme un contrat solemnel
> Fut dressé par les mains de l'arbitre éternel ;
> C'est donc dans cet hymen, c'est dans cette alliance
> Que le corps politique enfin a pris naissance.
> Tant qu'un peuple sauvage, à Cérès étranger,
> Ne forme avec le sol qu'un lien passager,
> Il ne présente encor qu'une informe peuplade,
> Pareille au Scythe errant, ou pareille au Nomade :
> Peuple à peine ébauché, qui sans lois, sans secours,
> Sans féconder le sol, le dépouille toujours ;
> Et ne sait point encor serrer avec Cybèle
> Les nœuds saints et féconds d'une union fidèle.
> On n'en saurait douter : le soc cultivateur
> Fut des premiers états l'antique fondateur.

prenant cet ouvrage, avait été de prouver que la souveraineté ne réside point dans le peuple, comme Locke et son éloquent commentateur (J. J. Rousseau) l'avaient prétendu. Pour cela il partait de principes très-hauts. C'est dans la véritable définition de la puissance qu'il appelait *force organisée*, qu'il trouvait la solution de ce grand problème politique. La définition de la puissance une fois donnée, il définissait la souveraineté *puissance conservatrice*; et en prouvant que l'action conservatrice ne peut jamais résider dans le peuple qui ne tend qu'à détruire quand il est séparé de son gouvernement, il prouvait que la souveraineté ne peut pas résider dans le peuple.

Voilà les fanaux que Rivarol avait placés en tête de son ouvrage, pour jeter des reflets de lumière sur tout l'édifice ; et comme il le disait lui-même dans son style étincelant d'images : *J'ai dû, en débutant, toucher ces accords cachés de la nature et de l'art ; cordes secrètes et harmonieuses de la politique, elles retentiront dans tout mon ouvrage.*

Rivarol resta deux ans à Londres, et en 1795 il vint à Hambourg où *s'étaient réfugiés les esprits animaux de l'émigration* (1).

C'est là qu'il conçut l'entreprise de son *Dictionnaire de la langue française*. Il devait le faire précéder de trois discours, ou plutôt de trois ouvrages qui lui auraient servi d'introduction. Le premier, le seul qui ait paru, traitait de l'homme intellectuel et moral; le second traitait du mécanisme des langues en général; et le troisième était un traité approfondi des beautés et

---

(1) Expression de Rivarol.

des finesses de la langue française. Nous croyons qu'on n'a rien écrit de plus neuf et de plus piquant sur notre langue.

Quant au Dictionnaire, il y avoit déja sept lettres achevées, et en réserve une quantité de matériaux et des définitions sur les autres. Il seroit à desirer qu'un travail aussi important ne fût pas perdu.

En 1800, Rivarol quitta Hambourg, et se retira à Berlin, où il passa l'hiver de 1800 à 1801. Il y fut très-bien accueilli des personnes les plus distinguées de la cour et de la reine elle-même. Il fit un petit impromptu à la reine, qui eut beaucoup de succès. C'est un masque en chauve-souris qui lui parle au bal :

« Puisque le sort m'a fait chauve-souris,
« Je vois en vous le bel astre des nuits :
  « Il faut de sa métamorphose
  « Que chaque être garde le ton ;
  « Car si j'étais un papillon,
  « Je vous prendrais pour une rose. »

La princesse d'Olgorousky eut pour Rivarol cette tendre amitié, qui est le nœud de deux cœurs faits l'un pour l'autre. C'est chez elle, au sein d'une société d'élite, qu'il passait le tems qu'il ne consacrait pas à son grand ouvrage, auquel il attachait son *vivre à venir.*

Elle dit un jour à Rivarol qui avait été malade pendant un mois entier : *Votre santé nous a prouvé que vous étiez très-aimable ; et votre maladie que vous étiez très-aimé.*

Rivarol se disposait à revenir en France, quand il se sentit attaqué subitement d'une fluxion de poitrine. Pendant les sept jours que dura sa maladie, il conserva sa sérénité, et dit qu'il s'était *accoutumé à mourir.* Jusqu'au dernier moment il plaisanta avec son médecin et avec les personnes qui étaient près de lui. Son lit était environné de roses. *Mes amis*, dit-il, *ces roses vont se changer en pavots; je vois la grande ombre de l'éternité qui s'avance;* et il expira.

M. de Gualtieri, major au service de Prusse, a tracé un portrait de Rivarol. En voici quelques traits :

« Prodigue de son esprit, il le répandait à pleines mains. Tout le monde pouvait en prendre sa part; et si quelquefois il le revendiquait, c'était moins par avarice que par esprit de justice. Paresseux comme un homme riche, il ne craignait ni l'avenir ni le besoin. Sûr du trésor qu'il portait, il risquait de mourir de faim au milieu de son or, parce qu'il dédaignait de convertir ses lingots en espèces. »

M. de Gualtieri considère ici l'homme du monde plutôt que l'homme de lettres. Nous allons les considérer ensemble.

Il est à remarquer que la plupart des plaisanteries de Rivarol ont été des jugemens littéraires.

Ainsi, en parlant du *Tableau*

de *Paris*, il disait : *ouvrage pensé dans la rue et écrit sur la borne.* Il ajoutait : *l'auteur a passé de la cave au grenier, en sautant le salon.* Il disait de Condorcet : *Il écrit avec de l'opium sur des feuilles de plomb*, etc.

En général, Rivarol cachait la force dans la finesse et l'abondance dans la précision. Souvent il détournait adroitement un mot ingénieux, ce qui est encore une création. Quelquefois aussi il tombait dans le burlesque, et donnait lieu à ses ennemis de dire : *Il commence une phrase comme*

Bossuet, et la finit comme Scarron.

L'esprit méchant et le cœur bon, disait-il, *voilà la meilleure espèce d'hommes; je fais une épigramme contre un sot, et je donne un écu à un pauvre.*

Mais en faisant des épigrammes, il s'exposait à être remboursé dans la même monnaie.

Au commencement de la révolution, Rivarol se trouvant en société avec M. de Créqui et quelques autres grands seigneurs, affectait de répéter : *nous avons perdu nos droits, perdu notre fortune*, etc. M. de Créqui disait à voix basse : *Nous, nous......* Rivarol reprit : Eh bien ! qu'est-ce que vous trouvez donc d'extraordinaire en ce mot. Alors M. de Créqui lui dit : *C'est ce pluriel que je trouve singulier.*

Toutes les fois qu'il y avait un ouvrage ou un événement remarquable, on était sûr de voir éclore un mot de Rivarol qui se répandait aussitôt dans toute la société. Les gens du monde étaient charmés qu'un d'entre eux eût pris la parole, et les fit si bien parler. Rivarol disait lui-même : *Je fais descendre les idées du ciel, pour embellir les soupers de la bonne compagnie.*

Il s'abaissait quelquefois au calembourg; mais il y avait un coin de bon sens caché sous le calembourg qu'il se permettait. Il disait, par exemple, de M. Le Tonnelier de Breteuil, ambassadeur de France à Vienne : *Il aurait dû racommoder les cercles de l'Empire.*

Rivarol avait dans le monde la réputation d'un homme de beaucoup d'esprit, et l'on n'était pas tenté de lui appliquer un de ses bons mots : *Ses épigrammes font honneur à son cœur.*

Cependant il savait être dans l'occasion l'ami de ses amis, le défenseur des absens, et *le haut-justicier* du vrai mérite.

Dans sa jeunesse, il avait été homme à bonnes fortunes; et toute sa vie on l'a vu, auprès des femmes, plus galant que tendre, et plus voluptueux que sensible.

Il faisait la cour à une femme très-spirituelle et très-jolie. Il se plaignait d'éprouver des délais. Comme il devenait pressant, elle lui dit : *Voulez-vous donc que je bâtisse sur la cendre ?*

AVIS DES ÉDITEURS.

Nous prévenons le public que ce recueil est composé, en grande partie, de pensées tirées des ouvrages inédits, mais non achevés, de Rivarol, et sur-tout de traits recueillis de sa conversation (1). Voilà pourquoi nous avons adopté cette épigraphe : *Ne ludibria ventis.*

Dans le choix et l'arrangement des parties du volume, nous avons tâché de conserver l'esprit de Rivarol ; et nous osons nous flatter qu'on distinguera ce recueil de tous ceux qui portent le titre d'*Esprit.*

---

(1) On les reconnaîtra dans tous les endroits de ce volume qui sont marqués d'un astérisque.

N. B. Quand un paragraphe commence par *il disait*, *il* se rapporte à Rivarol.

ESPRIT
DE RIVAROL.

MÉTAPHYSIQUE.

Flambeau du langage et de tous les arts, la MÉTAPHYSIQUE éclaire, indique et ne fait pas.

Le SENTIMENT est antérieur à toute sensation, et par conséquent à toute idée : en effet, il date de l'organisation.

Semblable à l'aimant qui n'attend que la présence du fer pour manifester son penchant et sa puissance, le sentiment est là, prêt à s'associer à tous les objets qui le frapperont par l'entremise des sens.

―――

Il n'y a rien dans l'homme de plus clair que le sentiment, parce qu'il n'y a rien de plus certain. Son nom seul confond idéalistes, matérialistes et pyrrhoniens : les nuages qui couvrent l'esprit et la matière n'arrivent pas jusqu'à lui ; et le doute ne soutient pas sa présence.

―――

L'être qui ne fait que sentir ne pense

pas encore, et l'être qui pense sent toujours.

Dès qu'on a nommé la nature, il n'y a plus problême, mais mystère ; il ne s'agit plus d'expliquer, mais d'exposer.

Nous raisonnons quand nous ne sentons pas ; et le raisonnement, qui est le tâtonnement de la raison, cesse où le sentiment commence. Le raisonnement est donc pour les ouvrages de l'homme, et le sentiment pour ceux de la nature. Mais en unissant le raisonnement au sentiment, on obtient le plus grand degré d'évidence, et par conséquent de certitude, dont l'homme soit capable.

Voyez le sentiment jetté dans les airs, au fond des mers et sur la terre, toujours content de son enveloppe et de ses formes; couvert d'écorce, de plume, de poil ou d'écaille; qu'il vole ou qu'il nage; qu'il marche ou qu'il rampe, ou reste immobile, toujours heureux d'être et de sentir, et toujours répugnant à sa destruction. Semblables à des vases inégaux par leur forme et leur capacité, mais égaux par la plénitude, tous les êtres animés sont également satisfaits de leur partage; et c'est du concert de tant de satisfactions et de félicités particulières, que se forme et s'élève vers le père universel l'hymne de la nature.

Plus occupé de la suite de ses idées que de sa propre fixité, le sentiment se considère comme un pendule qui oscille perpétuellement entre le passé et l'avenir : le présent n'est pour lui qu'un mouvement entre deux repos.

Telle est la puissance variée du sentiment, qu'il peut être frappé de l'absence des objets, comme de leur présence, du vide comme du plein, de la nuit comme du jour; et qu'il sent également ce qui est, et ce qui n'est pas : il prend note de tout ce qui fait événement chez lui, et s'arrête à celle de ses modifications qu'il lui plaît; et comme c'est successivement qu'il les a éprouvées, il sait et les grouper et les séparer à son gré. S'il considère le Louvre, il peut, en un clin d'œil se le figurer tout entier; mais il peut aussi ne s'occuper que d'une de ses faces, et même en contemplant cette seule face, il peut ne songer qu'à sa hauteur, et oublier ses autres dimensions : car s'il unit, il divise ; s'il rassemble, il disperse; s'il s'associe, il se détache. Une pomme le conduit à l'idée du fruit en général, le fruit en général à tous les comestibles, les comestibles à toute sorte de matières, et la matière à l'être pur ; idée la plus universelle et la plus simple qu'il puisse concevoir. De cette hauteur, qui est pour lui le sommet de la création, il descend à son gré de l'être en général à la matière, de la matière aux corps, et des corps à l'idée du moindre individu ; parcourant sans relâche cette double échelle des abstractions et des collections, et laissant des classes entières en montant, qu'il ramasse en descendant : classes, méthodes et suites, qu'il enfante avec effort, mais qu'il manie avec adresse, et qui deviennent en lui les habitudes de l'esprit et les économies de la mémoire. Fort de ses organes, clair comme la vue, certain comme le toucher, délicat, avide, harmonieux, comme l'odorat, le goût et l'ouïe, tour-à-tour il s'avance vers les objets et se replie sur lui-même. Tantôt il s'attache uniquement à la *blancheur* de la neige, et frappé de sa ressemblance avec mille autres corps blancs, il n'accorde qu'une place à tant de sensations monotones ; et les rangeant sous un signe unique, il paraît s'agrandir de tout ce qu'il retranche à l'univers. Tantôt il rassemble curieusement toutes les qualités d'un même corps, c'est-à-dire toutes les impressions qu'il en a reçues, et convaincu que l'odeur, la couleur et la forme ne suffisent pas seules pour constituer une fleur, il cherche sur quel appui reposent ces qualités qui ne sont qu'accidentelles ; et ne le trouvant pas, il donne le nom de *substance* à cette base mystérieuse, qui existe chez lui, en attendant qu'on la trouve dans la nature. En un mot, il ne peut souffrir les lacunes ; il les remplit avant de les franchir, et le néant lui-même prend un nom à sa voix, et marche dans le discours à côté de la création. La douleur et le plaisir qui ne le quittent pas, l'intéressent à tout, et lui font concevoir l'amour et la haine, le juste et l'injuste, l'imperfection et le beau idéal, et enfin l'extrême misère et le bonheur suprême. C'est ainsi qu'il s'identifie avec tout ce qui le touche, et qu'il ourdit la trame de son existence, de compositions et d'abstractions, de rapprochemens et d'oppositions, d'idées tant collectives qu'individuelles, et enfin de cette foule de signes qui, s'égalant au nombre de ses perceptions, en deviennent la monnaie, et tiennent pour toujours à sa disposition ces fugitives richesses : artifice admirable de la pensée, utile et noble commerce de la parole, sans qui la vie n'eût été pour l'homme qu'un jeu, où la perte eût toujours balancé le gain! Mais les lois du langage, plus certaines que celles de la propriété, ont mis les trésors de l'esprit sous la garde de la mémoire, et l'écriture les sauve de l'oubli, en chargeant le tems même des archives de la pensée.

―――――――――――

Le TEMS est le rivage de l'esprit; tout passe devant lui, et nous croyons que c'est lui qui passe.

―――――――――――

Il n'est pas digne d'un vrai philosophe de dire comme Buffon : *que la nature est contemporaine du tems ; que le tems ne coûte rien à la nature, qu'il entre comme ingrédient dans la composition des corps.* C'est le mouvement qui est contemporain du monde et qui entre dans la composition de tous les corps, tant les animés que les inanimés. Buffon a fait d'une simple abstraction de l'esprit un élément matériel de la nature.

———

On n'a qu'à supposer un moment la nature immobile, rien ne naîtra, mais rien ne périra.

———

L'homme avait conçu le tems, il créa les NOMBRES.

———

La nature ne compte que dans la tête humaine.

———

L'homme, dans sa maison, n'habite pas l'escalier, mais il s'en sert pour monter et pénétrer partout ; ainsi l'esprit humain ne séjourne pas dans les nombres, mais il arrive par eux à la science et à tous les arts.

L'IMAGINATION est une mémoire qui n'est point à nos ordres ; ses apparitions, ses brillantes décorations et ses éclipses sont également indépendantes de nous. Fortement émue par les objets, elle n'a que des durées sans mesures, des espaces par échappées, et pour tous nombres, la foule ou l'unité. Fille aînée des sensations, tandis que la mémoire naît et s'accroît des idées du tems, des nombres et des proportions de toute espèce, l'imagination range les objets sur la même ligne ; elle peint et colore comme les

Chinois : ses terrasses et ses montagnes sont en l'air; mais la mémoire entend la perspective.

―――

C'est l'imagination qui, dans l'absence des objets, ou pendant l'erreur d'un songe, dessine des tableaux dans l'œil d'un homme incapable de tracer un cercle, et lui fait découvrir sur le front changeant d'un nuage ou dans les confuses inégalités d'une surface, des figures régulières que sa main suivrait avec grace et facilité. Souvent aussi, dans ses peintures vagabondes, elle accouple les habitans de l'air, de la terre et des mers, et déplaçant les couleurs, les formes et les proportions, elle n'enfante que des chimères et des monstres. Alliée naturelle des passions, elle accuse de lenteur l'impatience des amans et précipite leurs jouissances. Douce et cruelle tour-à-tour, soit qu'irritée par la douleur ou les privations, elle fasse rêver la joie au malheur, et la fortune à l'indigence; soit que pleine encore des frayeurs de la veille, elle montre l'exil ou la mort aux idoles du peuple et aux favoris des rois; sa puissante baguette oppose le monde qu'elle crée au monde qu'elle habite. Combien de fois n'a-t-elle pas dressé des banquets pour l'homme affamé, et surpris à l'austère anachorète les songes de la volupté! Sa main fantastique joue sur tout le clavier des sens, agite et mêle sans ordre les passions et les idées, et confondant et les tems et les distances, et les desirs et l'impuissance, c'est elle qui, sous les glaces de l'âge, réchauffe tout-à-coup un vieillard et le réjouit d'un éclair de sa jeunesse. C'est par elle enfin que les illusions et les réalités se partagent la vie.

L'imagination est amie de l'avenir.

---

*La mémoire se contente de tapisser en drapeaux; mais l'imagination s'entoure des tentures des Gobelins.

La mémoire est toujours aux ordres du cœur.

Les méthodes sont les habitudes de l'esprit et les économies de la mémoire.

Maîtresse des élémens et des masses, la NATURE travaille du dedans au-dehors : elle se développe dans ses œuvres, et nous appelons formes les limites où elle s'arrête. L'homme ne travaille qu'en dehors ; le fonds lui échappe sans cesse ; il ne voit, il ne touche que des formes.

* L'homme n'est jamais qu'à la circonférence de ses ouvrages : la nature est à la fois au centre et à la circonférence des siens.

* Le repos est pour les masses, et le mouvement pour les élémens.

L'identité du but est la preuve du

sens-commun parmi les hommes; la différence des moyens est la mesure des esprits ; et l'absurdité dans le but est le signe de la folie.

L'esprit est le côté partiel de l'homme ; le cœur est tout.

---

* Les enfans crient ou chantent tout ce qu'ils demandent, caressent ou brisent tout ce qu'ils touchent, et pleurent tout ce qu'ils perdent.

---

* Puisque Hobbes a dit que le méchant est un grand enfant, il faut nécessairement que les enfans soient de petits philosophes.

MÉTAPHYSIQUE.

---

* L'homme qui dort, l'homme ivre, c'est l'homme diminué.

Il ne faut pas croire, comme Helvétius et Condillac, que l'ATTENTION dépende tout-à-fait de nous, et surtout qu'elle produise les mêmes effets dans deux hommes également attentifs. Combien de gens que la réflexion et l'attention la plus profonde ne mènent à rien ! sans compter ceux qui n'en recueillent que des erreurs.

---

* Un instrument est un raisonnement qui, dans nos atteliers, a pris une forme éclatante et visible à nos yeux.

Les anecdotes sont l'esprit des vieillards, le charme des enfans et des femmes : il n'y a que le fil des événemens qui fixe leur sentiment et tienne leur attention en haleine. Une suite de raisonnemens et d'idées demande toute la tête et la verve d'un homme.

* La PAROLE remet la pensée en sensation.

* La RAISON est historienne, mais les PASSIONS sont actrices.

Il y aura toujours deux mondes soumis aux spéculations des philosophes ; celui de leur imagination où tout est vraisemblable, et rien n'est vrai ; et celui de la nature où tout est vrai, sans que rien paraisse vraisemblable.

―――――

* On n'a pas le droit d'une chose impossible.

―――――

Le prisme qui dissèque la lumière, gâte à nos yeux le spectacle de la nature.

―――――

On peut dire que Locke et Condillac, l'un plus occupé à combattre des erreurs et l'autre à établir des vérités, manquaient également tous deux du secret de l'expression, de cet heureux pouvoir des mots qui sillonne si profondément l'attention des hommes, en ébranlant leur imagination.

La nature a fait présent à l'HOMME des deux puissans organes, de la digestion et de la génération. Par l'un elle a assuré la vie à l'individu, par l'autre l'immortalité à l'espèce. Et tel est en nous le rôle de l'estomac, que les pieds et les mains ne sont pour lui que d'industrieux esclaves, et que cette tête elle-même dont nous sommes si fiers, n'est qu'un satellite plus éclairé : c'est le fanal de l'édifice.

---

* On peut diviser les ANIMAUX en personnes d'esprit et en personnes à talent. Le chien, l'éléphant, par exemple, sont des gens d'esprit; le rossignol et le ver-à-soie sont des gens à talent.

La différence entre le principe social qui unit les hommes et les causes qui rassemblent certains animaux, a été si bien établie par quelques philosophes, que, si j'en parlais ici, je ne pourrais que les répéter. Je dirai seulement qu'excepté les abeilles, les castors et les fourmis d'Afrique, tous les autres animaux ne savent que s'attrouper, s'accoupler et construire des nids : mais les attroupemens, et l'amour, et même l'état de famille ne sont pas l'ordre social. Ce sont des rendez-vous assignés par le besoin, des appels, et des congés donnés par les saisons. Quant aux trois espèces qui vivent et travaillent en commun, il est certain qu'elles poussent d'abord la combinaison des idées premières jusqu'à la division du travail ; mais une fois l'édifice construit, toute combinaison ultérieure cesse : ces républiques-là ne savent pas enter la raison sur l'expérience ; elles ignorent l'art d'échafauder leurs connaissances, et de substituer des outils et des instrumens à leurs organes; elles ne recueillent ni ne laissent d'héritage, et l'industrie publique meurt et renaît toute entière à chaque génération. Une prompte et fatale perfection les saisit au début de la vie, et leur interdit la perfectibilité. Les animaux sont donc plus immédiatement que nous les élèves de la nature. L'homme part plus tard pour arriver plus haut ; mais cette immense carrière, c'est la société qui la lui ouvre : c'est là que l'homme se greffe sur l'homme, les nations sur les nations, les siècles sur les siècles. D'où résulte cette incontestable vérité, que le genre humain est toujours supérieur à quelque grand homme que ce soit ; et que, chez les animaux, l'individu est toujours égal à l'espèce. On peut dire encore des animaux, que s'ils n'augmentent pas leur industrie par l'association, ils ne la perdent pas dans la solitude. Le castor, lorsqu'il n'est pas gêné par la présence de l'homme, retrouve ses talens en revoyant ses déserts, ses bois et ses rivières. Il n'en est pas ainsi de l'homme : il ne peut gagner beaucoup à l'association, sans beaucoup perdre à l'isolement ; comme les diamans et les métaux, l'homme naît encrouté, et comme eux, il ne doit son éclat qu'au frottement. Si la distance du sauvage solitaire au sauvage en corps de peuple, est déja prodigieuse, que sera-ce, si on le met en comparaison avec l'homme de génie dans l'ordre social? Le sauvage en général ne veut pas de nos arts, parce qu'il ne les connaît pas ; et nous ne voulons pas de son existence, parce que nous la connaissons.

Spectateur et scrutateur de la nature, l'homme sonde les mers, gravit les monts; classe non-seulement toutes les familles, mais les métaux et les pierres ; interroge les volcans ; se passionne pour une suite de minéraux, comme pour une collection d'insectes; s'enfonce dans la nuit de l'antiquité, comme dans les entrailles du globe; met à contribution la terre, l'air et l'eau, non-seulement pour y trouver sa nourriture et ses vêtemens, mais pour ennoblir ces deux nécessités par les élégances du goût et les pompes de la parure. Car, dans l'homme, tout besoin devient art; toute sensation se prolonge et s'agrandit; toute fonction naturelle a ses règles, ses méthodes et ses perfections; tout sens a ses recherches, ses délicatesses et ses lois. Les couleurs, les parfums, les sons, les saveurs, tant de jouissances périodiques, si passagères pour les animaux, l'homme les fixe et les enchaîne à sa destinée, dont il égaie, diversifie et trompe artistement les longs détails et la courte durée. Et pendant que les animaux peuplent et décorent la terre, l'air et l'onde, l'homme fait entrer l'onde, la terre, l'air et les animaux dans les riantes décorations de sa demeure. C'est là qu'il brave en paix les ardentes fureurs de l'été et la sombre rigueur des hivers. Quelle prodigieuse existence! quel excédent de vie! quel immense cortège pour un si frêle et si éphémère possesseur! Parlerai-je ici des passions, de cet appétit de gloire et d'empire qui nous a soumis la terre, et de ces monumens dont l'espèce humaine a couvert sa surface? L'amour lui-même, si impétueux dans les animaux, mais s'allumant et s'éteignant tour-à-tour avec les saisons, ou brûlant sans choix pour l'objet qui l'excite, peut-il entrer en comparaison avec ce sentiment tendre et fidèle qui ne voit qu'un homme entre tous les hommes, qu'une femme entre toutes les femmes? C'est cette préférence, ce côté moral et profond qui épure, consacre et divinise l'amour.

L'animal qui jouit de sa manumission, court se désaltérer dans les eaux qui ne viendraient point à lui ; tandis que les fleuves et les mers s'élèvent en vapeurs, et, transformés en nuages, vont abreuver la plante immobile et altérée qui les attend.

Mais la nature ayant pourvu l'homme d'une industrie et d'une liberté indéfinies, ne lui devait que des matériaux. Voilée, mais d'un voile entrouvert, elle lui cache et lui indique tour-à-tour les gages de ses promesses. Ce fut donc à nous à présager la fécondité de la terre dans l'emploi de ses métaux, à deviner des maisons et des villes dans ses carrières, à demander des habits aux troupeaux, des navires aux forêts, et à l'aimant la clé des mers : ce fut à nous à disputer le sable aux vents qui le dispersent, et à le fixer en cristal, qui devait un jour porter nos regards dans la structure d'un ciron, et nous ouvrir de nouveaux cieux.

————

Helvétius avait dit que si nos jambes et nos bras se terminaient en sabots, et que si les chevaux avaient des mains, nous galoperions dans les champs, et que les chevaux bâtiraient des villes et feraient des livres et des lois.

Rivarol le réfutait ainsi :

Supposer la configuration humaine aux bêtes, et donner la configuration de la brute à l'homme, sans rien changer au sentiment qui les anime, c'est faire présent d'un palais inutile à l'agent subalterne, et plonger l'être supérieur dans une indigne prison ; c'est renverser sans fruit l'ordre de la nature, qui a mis les animaux d'accord avec leurs formes, et l'homme en harmonie avec la sienne.

En effet, quel spectacle offrirait l'univers ! On verrait, d'un côté, la brute traînant la figure de l'homme, après avoir saisi et dévoré sa proie, condamner la bouche humaine au silence, les mains à l'inertie, et courber sans cesse vers la terre des regards faits pour les cieux : de l'autre, on verrait le génie, captif déshonoré, ramper sous son enveloppe, lutter sourdement contre ses formes, agiter en vain des griffes ou des écailles, et redresser souvent vers le ciel des yeux qui l'accuseraient de sa cruelle méprise. Le monde n'offrirait donc sous la figure humaine que des animaux imparfaits, et sous la peau des brutes, que des hommes malheureux. Est-ce donc là une si heureuse hypothèse, un si beau déplacement d'idées, une bien mémorable révolution en métaphysique ! c'est bien plutôt un rêve digne des métamorphoses ! c'est bien plutôt un double contre-sens effrontément proposé au genre humain, et follement supposé à la nature, qui ne met pas cette contradiction entre ses fins et ses moyens, entre ses plans et ses ouvrages.

POLITIQUE.

* La POLITIQUE est comme le sphinx de la fable : elle dévore tous ceux qui n'expliquent pas ses énigmes.

---

* La PUISSANCE est *la force organisée*, l'union de l'organe avec la force. L'univers est plein de *forces*, qui ne cherchent qu'un *organe* pour devenir *puissances*. Les vents, les eaux sont des forces ; appliqués à un moulin ou à une pompe, qui sont leurs organes, ils deviennent *puissance*.

Cette distinction de la force et de

la puissance donne la solution du problême de la *souveraineté* dans le corps politique. *Le peuple est force, le gouvernement est organe*, et leur réunion constitue la *puissance politique*. Sitôt que les forces se séparent de leur *organe*, la puissance n'est plus. Quand l'organe est détruit, et que les forces restent, il n'y a plus que convulsion, délire ou fureur; et si c'est le peuple qui s'est séparé de son *organe*, c'est-à-dire de son gouvernement, il y a *révolution*.

La *souveraineté* est la puissance conservatrice. Pour qu'il y ait *souveraineté*, il faut qu'il y ait *puissance*. Or, la puissance, qui est l'union de l'organe avec la force, ne peut résider que dans le *gouvernement*. Le peuple n'a que des *forces*, comme on l'a dit ; et ces *forces* bien loin de *conserver*, lorsqu'elles sont séparées de leur *organe*, ne tendent qu'à *détruire*. Mais le but de la *souveraineté* est de *conserver*, donc la *souveraineté* ne réside pas dans le *peuple*, donc elle réside dans le *gouvernement*.—

———

* La même erreur qui plaça jadis la terre au centre du monde, a fait attribuer la souveraineté au peuple. Mais quand la boussole eut ouvert l'océan, et le télescope, les cieux, la terre fut reléguée dans son orbite, et l'homme déchu, mais instruit, plaça mieux son orgueil.

———

* L'homme emprunte des palais aux carrières, des vaisseaux aux forêts, des horloges au soleil ; et pour former une armée et un corps politique, l'homme s'imite et s'emprunte lui-même.

---

* La terre est le plan sur lequel le CORPS POLITIQUE se dessine. Pour qu'un état parvienne à son plus haut point de grandeur relative, il faut qu'il y ait équation entre la population et le territoire. Dans l'Amérique septentrionale, le territoire l'emporte sur la population, et l'état n'a point encore acquis son plus haut degré de puissance. En Europe, où il y a équation parfaite entre les territoires et les populations, les états sont parvenus à leur plus haut point de puissance. A la Chine, où la population est en excès et le territoire en défaut, l'état est sur son déclin.

Les corps politiques sont les grands conservatoires de l'espèce humaine, et les plus magnifiques copies de la création. En effet, après l'univers et l'homme, il n'existe point de plus belle composition que ces vastes corps, dont l'homme et la terre sont les deux moitiés, et qui vivent des inventions de l'un et des productions de l'autre. Sublimes alliances de la nature et de l'art, qui se composent d'harmonies, et dont la nécessité forme et serre les nœuds !

* Les corps politiques recommencent sans cesse ; ils ne vivent que de remèdes.

POLITIQUE.

* On ne jette pas brusquement un empire au moule.

La Loi est la réunion des lumières et de la force. Le peuple donne les forces, et le gouvernement donne les lumières.

Les hommes naissent nus et vivent habillés, comme ils naissent indépendans et vivent sous des lois. Les habits gênent un peu les mouvemens du corps, mais ils le protègent contre les accidens du dehors : les lois gênent les passions, mais elles défendent l'honneur, la vie et les fortunes.

---

* Le corps politique est comme un

arbre : à mesure qu'il s'élève, il a autant besoin du ciel que de la terre.

———

Tout état, si j'ose le dire, est un vaisseau mystérieux qui a ses ancres dans le ciel.

———

* Un peuple, sans territoire et sans RELIGION, périrait, comme Anthée, suspendu entre le ciel et la terre.

———

* Les DROITS sont des propriétés appuyées sur la puissance. Si la puissance tombe, les droits tombent aussi.

———

L'homme solitaire ne peut figurer

que dans l'histoire naturelle ; encore y sera-t-il toujours un phénomène.

Le génie, en politique, consiste non à créer, mais à conserver ; non à changer, mais à FIXER ; il consiste enfin à suppléer aux vérités par des maximes : car ce n'est pas la meilleure loi, mais la plus fixe qui est la bonne.

Les anciens ayant donné des passions à leurs dieux, imaginèrent le destin qui était irrévocable, inexorable, impassible : afin que l'univers ayant une base fixe, ne fût pas bouleversé pas les passions des dieux. Jupiter consultait le livre du destin et l'opposait également aux prières des hommes, aux intrigues des dieux et à ses propres penchans, en faveur des uns et des autres.

―――――

En législation comme en morale, le bien est toujours le mieux. Les hommes s'attroupent, parce qu'ils ont des passions ; il ne faut les traiter ni comme des moutons, ni comme des lions, mais comme s'ils étaient l'un et l'autre ; il faut que leur faiblesse les rassemble et que leur force les protège. Le despote qui ne voit que de vils moutons, et le philosophe qui ne voit que des lions indomptés, sont également insensés et coupables.

―――――

Annuller les différences, c'est confusion ; déplacer les vérités, c'est erreur; changer l'ordre, c'est désordre. La vraie philosophie est d'être astronome en astronomie, chimiste en chimie, et politique dans la politique.

———

La raison se compose de vérités qu'il faut dire, et de vérités qu'il faut taire.

———

Il faut au peuple des vérités usuelles, et non des abstractions.

———

* L'AGRICULTURE est une manufacture avare qui repousse les bras inutiles.

———

* L'homme rapproche les espaces par le COMMERCE, et les tems par le CRÉDIT.

* L'or est le souverain des souverains.

L'or et le PAPIER-MONNAIE sont les deux signes des richesses ; mais l'un est d'une convention universelle, et l'autre d'une convention locale et bornée. La rareté des métaux et les peines que coûte leur exploitation, donnent à la terre le tems de porter des moissons, et les denrées peuvent atteindre ou suivre de près les signes qui les représentent. Mais, est-ce que la nature peut marcher comme la plume d'un homme qui fait du papier-monnaie ? L'or, borné dans sa quantité, est illimité dans ses effets, et le papier, illimité dans sa quantité, est au contraire fort circonscrit dans ses effets.

* Le centre du corps politique peut être de papier, mais il faut toujours que les extrémités soient d'or. Si les extrémités se changent en papier, la circulation s'arrête, et le corps politique expire.

* Les souverains ne doivent jamais oublier que le peuple étant toujours enfant, le gouvernement doit toujours être père.

* Il en est de la personne des rois comme des statues des dieux : les premiers coups portent sur le dieu même, les derniers ne tombent plus que sur un marbre défiguré.

* Les coups d'autorité des rois sont comme les coups de la foudre qui ne durent qu'un moment ; mais les révolutions des peuples sont comme ces tremblemens de terre, dont les secousses se communiquent à des distances incommensurables.

*La GUERRE est le tribunal des rois, et les victoires sont ses arrêts.

Il n'y a que les gens de lettres qui aient une reconnaissance bruyante, qui se mêle à l'éclat du trône.

L'IMPRIMERIE est l'artillerie de la pensée.

* Les souverains ne doivent jamais oublier qu'un écrivain peut recruter parmi des soldats, et qu'un général ne peut jamais recruter parmi des lecteurs.

* Dans une ARMÉE, la discipline pèse, comme bouclier, et non comme joug.

La NOBLESSE est un instrument brillanté par le tems.

* Le PEUPLE donne sa faveur, jamais sa confiance.

Voltaire a dit : *Plus les hommes seront éclairés et plus ils seront libres;*

ses successeurs ont dit au peuple, que *plus il serait libre, plus il serait éclairé;* ce qui a tout perdu.

—Les peuples les plus civilisés sont aussi voisins de la barbarie, que le fer le plus poli l'est de la rouille. Les peuples, comme les métaux, n'ont de brillant que les surfaces.

---

* La PHILOSOPHIE étant le fruit d'une longue méditation et le résultat de la vie entière, ne peut et ne doit jamais être présentée au peuple qui est toujours au début de la vie.

---

* La RÉVOLUTION est sortie tout-à-coup des livres des philosophes comme une doctrine armée.

Malheur à ceux qui remuent le fond d'une nation !

Il n'est point de siècles de lumière pour la populace ; elle n'est ni française, ni anglaise, ni espagnole. La populace est, toujours et en tout pays, la même : toujours cannibale, toujours antropophage, et quand elle se venge de ses magistrats, elle punit des crimes qui ne sont pas toujours avérés, par des crimes qui sont toujours certains.

Il faut plutôt, pour opérer une révolution, une certaine masse de bêtise d'une part, qu'une certaine dose de lumière de l'autre.

Il y a eu des présages de la révolution, pour toutes les classes et toutes les conditions. La cour s'en apperçut, à la tournure des Noailles ; l'académie et la police, aux nouvelles allures des Rhulières et des S*** ; le petit peuple, aux propos des gardes-françaises ; les filles, aux lazzis insolens du sieur Dugazon ; les clubs et les cafés, à la lecture du *Journal de Paris*.

---

* Quand le peuple est plus éclairé que le trône, il est bien près d'une révolution. C'est ce qui arriva en 1789, où le trône se trouva éclipsé au milieu des lumières.

POLITIQUE.

Rivarol écrivait en 1789 : les vices de la cour ont commencé la révolution, les vices du peuple l'acheveront.

Tout le règne de Louis XVI se réduit à quinze ans de faiblesse, et à un tour de force mal employée.

Les nations que les rois assemblent et consultent, commencent par des vœux et finissent par des volontés.

La PHILOSOPHIE moderne n'est rien autre chose que les passions armées de principes.

* Les philosophes sont comme les vers qui piquent et qui percent les digues de la Hollande ; ils prouvent que ces ouvrages sont périssables comme l'homme qui les construit, mais ils ne prouvent point qu'ils ne soient pas nécessaires.

Tout philosophe constituant est gros d'un jacobin ; c'est une vérité que l'Europe ne doit pas perdre de vue.

---

* Que faire, disait-il, en parlant des révolutionnaires, de ces hommes qui lancent autant de traits que de regards, qui combattent avec la plume et écrivent avec des poignards ?

Le peuple ne goûte de la liberté, comme de liqueurs violentes, que pour s'enivrer et devenir furieux.

---

* Les clubs sont des camps démocratiques, disséminés sur toute la surface de la France.

Quand la raison monte sur le trône, les passions entrent au conseil ; et quand il y a crise, les passions sont plutôt averties du péril que la raison.

Il faut attaquer l'opinion avec ses armes : on ne tire pas des coups de fusil aux idées.

POLITIQUE.

Il disait des agitateurs : quand Neptune veut calmer les tempêtes, ce n'est pas aux flots, mais aux vents qu'il s'adresse.

***

J. J. Rousseau ressemble à ces conquérans qui jettent de l'éclat sur des ruines, et jouissent de l'impunité attachée à la gloire.

Les satires violentes et les tableaux enflammés de cet orateur ambidextre (J. J.), ne pouvaient manquer de réussir chez un peuple dégoûté de sa gloire, et qui ne demandait qu'à changer d'attitude.

***

* Il disait des coalisés : ils ont

toujours été en arrière d'une année, d'une armée et d'une idée.

———

* Il disait, en parlant des nobles qui avaient laissé échapper la puissance de leurs mains, qu'ils prenaient leurs SOUVENIRS pour des DROITS.

———

* Sans doute, il faut bien que les archives du tems périssent. La mémoire des hommes est un organe trop borné pour se mesurer éternellement avec l'étendue des choses; et notre histoire, lamentable mélange d'un peu de bien et de beaucoup de maux, ne serait bientôt plus proportionnée à la briéveté de la vie, si le tems qui l'alonge d'une main, ne l'accourcissait de l'autre. C'est donc par un bienfait du ciel que tant de races criminelles reçoivent d'époque en époque l'amnistie de l'oubli.

———

* Ainsi dans l'homme, pour l'homme, autour de l'homme, tout s'use, tout change, tout périt : tout marche du printems à la décrépitude ; les lois, les mœurs, les beaux arts, les empires, ont leur éclat et leur déclin, leur fraîcheur et leur vétusté, quelquefois même une fin prématurée ; et cependant la nature, mère constante de tant de formes fugitives, reste appuyée sur la nécessité, au sein des mouvemens, des vicissitudes et des métamorphoses, immobile, invariable, immortelle.

RELIGION.

Dieu est la plus haute mesure de notre incapacité : l'univers, l'espace lui-même, ne sont pas si inaccessibles.

L'être qui pense a dû naturellement tomber à genoux devant la plus haute de ses pensées.

Dieu explique le monde, et le monde le prouve ; mais l'ATHÉE nie Dieu en sa présence.

Un peu de philosophie écarte de la religion, et beaucoup y ramène.

La religion unit les hommes dans les mêmes dogmes, la politique les unit dans les mêmes principes, et la philosophie les renvoie dans les bois : c'est le dissolvant de la société.

L'univers est composé de cercles concentriques ordonnés les uns autour des autres, et qui se répondent tous avec une merveilleuse harmonie, depuis l'insecte et l'homme, depuis l'atôme et le soleil, jusqu'à l'être unique, éclatant et mystérieux, qui leur sert de centre, et qui est le *moi* de l'univers.

Dans les sujets ordinaires, les idées les plus justes sont souvent les plus nobles : en parlant de la divinité, les plus nobles nous paraîtront toujours les plus justes.

La philosophie ne répond que des individus, mais la religion répond des masses.

Bayle distingue fort bien entre l'incrédulité des jeunes gens et celle de l'âge mûr. L'INCRÉDULITÉ d'un savant, étant le fruit de ses études, doit être aussi son secret ; mais l'incrédulité dans les jeunes gens étant le fruit des passions, elle est toujours indiscrète, toujours sans excuse, jamais sans danger.

C'est un terrible luxe que l'incrédulité.

La philosophie manque à la fois de tendresse avec l'infortuné, et de magnificence avec le pauvre : chez elle, les misères de la vie ne sont que des maux sans remède, et la mort est le néant ; mais la religion échange ces misères contre des félicités sans fin, et, avec elle, le soir de la vie touche à l'aurore d'un jour éternel.

———

Tel est, s'il est permis de le faire, le rapprochement du créateur et de sa créature, que le sentiment sent qu'il est, mais Dieu est ; que le sentiment sent qu'il est simple, mais Dieu seul est simple. Il appuie ses créatures, et elles ont la conviction de l'existence ; il les compose, et elles ont la conscience de la simplicité.

Chose admirable ! unique et véritable fortune de l'entendement humain ! les objections contre l'existence de Dieu sont épuisées, et ses preuves augmentent tous les jours ; elles croissent et marchent sur trois ordres : dans l'intérieur des corps, toutes les substances et leurs affinités ; dans les cieux, tous les globes et les lois de l'attraction ; au milieu, la nature animée et toutes ses pompes.

MORALE.

La MORALE élève un tribunal plus haut et plus redoutable que celui des lois. Elle veut non-seulement que nous évitions le mal, mais que nous fassions le bien; non-seulement que nous paraissions vertueux, mais que nous le soyons; car elle ne se fonde pas sur l'estime publique qu'on peut surprendre, mais sur notre propre estime qui ne nous trompe jamais.

Le despotisme de la VOLONTÉ dans les idées, s'appelle *plan, projet, caractère, opiniâtreté*; son despotisme dans les DESIRS, s'appelle *passion*.

On peut dire que toute PASSION est une vraie conjuration, dont le sentiment est à la fois le chef, le dénonciateur et l'objet.

———

Tout est présence d'esprit pour les passions.

———

Les VICES sont souvent des habitudes plutôt que des passions.

———

Celui qui n'a qu'un desir ou qu'une opinion, est un homme à caractère.

———

* Nos goûts et nos passions nous dégradent plus que nos opinions et

nos erreurs. J. J. Rousseau s'est plus avili par ses *Confessions* que par ses paradoxes.

Exiger l'homme sans passions, c'est vouloir régenter la nature.

Les passions sont les orateurs des grandes assemblées.

Le premier né de l'amour-propre est l'ORGUEIL : c'est contre lui que la raison et la morale doivent réunir leurs attaques, mais il faut le faire mourir sans le blesser ; car si on le blesse, l'orgueil ne meurt pas.

L'orgueil est toujours plus près du suicide que du repentir.

Il y a quelque chose de plus haut que l'orgueil et de plus noble que la vanité, c'est la modestie, et quelque chose de plus rare que la modestie, c'est la simplicité.

L'homme modeste a tout à gagner, et l'orgueilleux a tout à perdre; car la modestie a toujours affaire à la générosité, et l'orgueil à l'envie.

Si l'amour et la guerre ont leurs fureurs, ils ont aussi leurs périodes : la HAINE a sa patience.

Il circule dans le monde une ENVIE au pied léger, qui vit de conversations : on l'appelle *médisance*. Elle dit étourdiment le mal dont elle n'est pas sûre, et se tait prudemment sur le bien qu'elle sait. Quant à la *calomnie*, on la reconnaît à des symptômes plus graves ; pétrie de haine et d'envie, ce n'est pas sa faute, si sa langue n'est pas un poignard.

―――

L'avare est le pauvre par excellence : c'est l'homme le plus sûr de n'être pas aimé pour lui-même.

―――

Si la tristesse est si près de la fortune, pourquoi l'envie est-elle si loin de la pitié ?

―――

Nul homme ne voudrait être seul

au monde, pas même l'avare, quoiqu'il eût tout, pas même l'envieux, quoiqu'il ne vît que des ruines.

---

* Le MÉPRIS doit être le plus mystérieux de nos sentimens.

On ne pleure jamais tant que dans l'âge des espérances ; mais quand on n'a plus d'espoir, on voit tout d'un œil sec, et le calme naît de l'impuissance.

L'AMOUR qui vit dans les orages et croît souvent au sein des perfidies, ne résiste pas toujours au calme de la fidélité.

Ces liaisons, fondées sur un sentiment calme et froid ; ces intimités qui s'accommodent de l'absence ; ces cœurs qui s'estiment et s'aiment de loin, sont fort communs : ce sont eux qui parlent sans cesse de *services*, de *bienfaits*, d'*obligations* et de *reconnaissance*; sorte de mots qui ne se trouvent pas dans le répertoire de l'amitié.

En général, l'indulgence pour ceux que l'on connaît, est bien plus rare que la pitié pour ceux qu'on ne connaît pas.

Les hommes n'aiment pas à s'approfondir jusqu'à un certain point ; ils vivent au jour la journée avec leur conscience C'est sur-tout dans les siècles corrompus qu'on se scandalise aisément, et qu'on exige des livres qu'ils nous donnent bonne opinion de nous-mêmes; on voudrait être flatté par des philosophes; mais des hommes simples et droits supporteraient sans horreur la dissection du cœur humain.

———

Dans les grandes villes, l'innocence est le dernier repas du vice.

———

Les sots devraient avoir pour les gens d'esprit une méfiance égale au mépris que ceux-ci ont pour eux.

———

L'envie qui parle et qui crie, est toujours maladroite; c'est l'envie qui se tait qu'on doit craindre.

Semblables aux chevaliers errans, qui se donnaient une maîtresse imaginaire, et se la figuraient si parfaite qu'ils la cherchaient toujours sans la trouver jamais, les grands hommes n'ont eu qu'une théorie d'amitié.

« Quand je me demande, dit Mon-
» taigne, d'où vient cette joie, cet
» aise, ce repos que je sens lorsque je
» vois mon ami, c'est que c'est lui,
» c'est que c'est moi; c'est tout ce que
» je puis dire. » Et Pythagore n'a-t-il pas dit très-excellemment encore ? « Quand je suis avec mon ami, je ne
» suis pas seul et nous ne sommes pas
» deux. » Enfin, Cicéron, en parlant de l'amitié, l'appelle *une néces-*

sité, et Aristote, *une ame en deux corps.*

L'amitié entre le monarque et le sujet doit toujours trembler, comme cette nymphe de la fable, que Jupiter ne s'oublie un jour, et ne lui apparaisse environné de foudres et d'éclairs.

On sait par quelle fatalité les grands talens sont, pour l'ordinaire, plus rivaux qu'amis; ils croissent et brillent séparés, de peur de se faire ombrage : les moutons s'attroupent, et les lions s'isolent.

---

* Pourquoi l'amour est-il toujours si mécontent de lui, et pourquoi l'amour-propre en est-il toujours si content? C'est que tout est recette pour l'un, et que tout est dépense pour l'autre.

———

L'or, semblable au soleil qui fond la cire et durcit la boue, développe les grandes ames et rétrécit les mauvais cœurs.

———

Si la pauvreté fait gémir l'homme, il baille dans l'opulence. Quand la fortune nous exempte du travail, la nature nous accable du tems.

———

Quand la vertu est unie au talent, elle met un grand homme au-dessus de sa gloire. Le nom de Fénélon a je ne sais quoi de plus tendre et de plus vénérable que l'éclat de ses talens.

Les pavots de la vieillesse s'interposent entre la vie et la mort, pour nous faire oublier l'une et nous assoupir sur l'autre.

La victime qui se pare de roses rend son sacrifice plus douloureux, et les souvenirs sans espoir ne sont que des regrets.

Les femmes ont deux sortes d'honneur : l'un qui leur est propre et que nous attaquons sans relâche ; l'autre qui leur est à-peu-près commun avec nous, et qui ne tient guère quand le premier n'est plus. Ce qui est modération dans un homme, serait incontinence dans une femme.

MORALE.

* Si les gens de la cour pensent et s'expriment plus finement que les autres hommes, c'est qu'on y est sans cesse forcé de dissimuler sa pensée et ses sentimens.

Les proverbes sont le fruit de l'expérience de tous les peuples, et comme le bon sens de tous les siècles réduit en formules.

* Un bon esprit paraît souvent heureux, comme un homme bien fait paraît souvent adroit.

Pour le riche ignorant, le loisir est

sans repos, le repos sans charmes, et le tems, trésor de l'homme occupé, tombe comme un impôt sur le désœuvrement. Le savant se cherche, et le riche s'évite.

* Que pouvait faire le bon sens dans un siècle malade de métaphysique, où l'on ne permettait plus au bonheur de se présenter sans preuves?

L'homme passe sa vie à raisonner sur le passé, à se plaindre du présent, à trembler pour l'avenir.

Quelques jouissances, quelques idées, voilà ce qui fait le grand homme ou l'heureux; et c'est dans une page d'écriture ou dans les bornes d'un jour qu'on peut resserrer la gloire et le bonheur de la plus longue vie.

Tout homme qui s'élève, s'isole ; et je comparerais volontiers la hiérarchie des esprits à une pyramide. Ceux qui sont vers la base, répondent aux plus grands cercles et ont beaucoup d'égaux. A mesure qu'on s'élève, on répond à des cercles plus resserrés. Enfin, la pierre qui surmonte et termine la pyramide, est seule et ne répond à rien.

HISTOIRE.

L'histoire n'est que le tems muni de dates et riche d'événemens.

L'histoire sans chronologie manquerait d'autorité, de témoignage et d'ordre; et la chronologie réduite à ses dates, serait une galerie sans statues et sans tableaux.

Voyez tous ces brillans fondateurs de tant de sectes; leurs théories sont à peine comptées parmi les rêves de l'esprit humain, et leurs systêmes ne sont que des variétés dans une histoire qui varie toujours.

Les opinions, les théories, les systêmes passent tour-à-tour sur la meule du tems, qui leur donne d'abord du tranchant et de l'éclat, et qui finit par les user.

L'histoire se charge d'arracher les grands hommes à l'oubli, ce tyran muet et cruel qui suit la gloire de près, et dévore à ses yeux ses plus chers favoris.

LANGUES.

* L'homme ne pouvait donner une enveloppe à sa pensée, sans que cette enveloppe ne fût très-ingénieuse. Aussi que de finesse, que d'esprit, et quelle métaphysique déliée dans la création d'une LANGUE ! Le philosophe s'en apperçoit, sur-tout lorsqu'il veut écarter ces fils mystérieux, dont l'homme a entouré sa pensée, comme le ver-à-soie s'entoure de son brillant réseau.

---

* La parole est la pensée extérieure, et la pensée est la PAROLE intérieure.

---

* L'homme qui parle est l'homme qui pense tout haut.

* Celui qui créa l'alphabet, remit en nos mains le fil de nos pensées et la clé de la nature.

* La langue est un instrument dont il ne faut pas faire crier les ressorts.

Les langues sont les vraies médailles de l'histoire.

LA GRAMMAIRE est la physique expérimentale des langues.

La grammaire étant l'art de lever les difficultés d'une langue, il ne faut pas que le levier soit plus lourd que le fardeau.

LANGUES.

Les signes sont la monnoie des perceptions.

Les mots sont comme les monnoies ; ils ont une valeur propre, avant d'exprimer tous les genres de valeur.

Il est bon de ne pas donner trop de vêtemens à sa pensée. Il faut, pour ainsi dire, voyager dans les langues ; et après avoir savouré le goût des plus célèbres, se renfermer dans la sienne.

On dirait que la langue française est composée d'une géométrie tout élémentaire, de la simple ligne droite, tandis que les courbes et leurs variétés infinies semblent avoir présidé à la formation des langues grecque et latine.

―――

L'*e* muet, semblable à la dernière vibration des corps sonores, donne à la langue française une harmonie légère qui n'est qu'à elle.

―――

La langue française est la seule qui ait une probité attachée à son génie.

―――

— La prose italienne composée de mots dont toutes les lettres se prononcent, et roulant toujours sur des sons pleins, se traîne avec trop de lenteur. Son éclat est monotone, l'oreille se lasse de sa douceur et la langue de sa mollesse : ce qui peut venir de ce que chaque mot étant harmonieux en particulier, l'harmonie du tout ne vaut rien.

La langue italienne a des formes cérémonieuses, ennemies de la conversation, et qui ne donnent pas assez bonne opinion de l'espèce humaine. On y est toujours dans la fâcheuse alternative d'ennuyer ou d'insulter un homme.

La majesté de sa prononciation (*de la langue espagnole*) invite à l'enflure, et la simplicité de la pensée se perd dans la longueur des mots et sous la plénitude des désinences.

On est tenté de croire qu'en espagnol la conversation n'a plus de familiarité, l'amitié plus d'épanchement, le commerce de la vie plus de liberté, et que l'amour y est toujours un culte.

---

* Les langues à construction directe perdent moins à la traduction que les langues à inversion. Dans la langue directe, l'écrivain est obligé de faire beaucoup d'efforts pour rendre sa pensée d'une manière satisfaisante. Dans la langue à inversion, l'écrivain très-souvent se contente de s'abandonner à tous les caprices de l'harmonie, et néglige la pensée. Ainsi, Pascal et Bossuet perdent moins à la traduction que Cicéron et Tite-Live. Dans les premiers, il y a un fonds qui ne peut pas se perdre ;

LANGUES. 83

dans les seconds, il n'y a que des surfaces qui disparaissent.

Les lois du langage, plus certaines que celles de la propriété, ont mis les trésors de l'esprit sous la garde de la mémoire, et l'écriture les sauve de l'oubli, en chargeant le tems même des archives de la pensée.

---

* L'IMPRIMERIE est à l'ÉCRITURE ce que l'écriture avait été aux hiéroglyphes ; elle a fait faire un second pas à la pensée ; ce n'est vraiment qu'à l'époque de cette invention que l'art a pu dire à la nature : « ton exubé-
« rance et tes destructions ne m'é-
« pouvantent plus. J'égalerai le
« nombre des livres au nombre des

« hommes, mes éditions à les géné-
« rations ; et mes bibliothèques se-
« mées sur toute la surface du globe
« triompheront de l'ignorance des
« barbares et du tems. »

LITTÉRATURE.

Les idées font le tour du monde: elles roulent de siècle en siècle, de langue en langue, de vers en prose, jusqu'à ce qu'elles s'enveloppent d'une image sublime, d'une expression vivante et lumineuse qui ne les quitte plus; et c'est ainsi qu'elles entrent dans le patrimoine du genre humain.

---

* Pour arriver à des choses neuves en LITTÉRATURE, il faut déplacer les expressions; et en philosophie, il faut déplacer les idées.

Les idées sont des fonds qui ne portent intérêt qu'entre les mains du talent.

Il y a généralement plus d'ESPRIT que de TALENT en ce monde : la société fourmille de gens d'esprit qui manquent de talent.

Il y a cette différence entre ces deux présens de la nature, que l'ESPRIT, à quelque degré qu'on le suppose, est plus avide de concevoir et d'enfanter ; le TALENT plus jaloux d'exprimer et d'orner. L'esprit s'occupe du fonds qu'il creuse sans cesse; le talent s'attache à la forme qu'il embellit toujours : car, par sa nature, l'homme ne veut que deux choses, ou des idées neuves ou de nouvelles tournures : il exprime l'inconnu clairement, pour se faire entendre, et il relève le connu par l'expression, pour se faire remarquer ; l'esprit a donc besoin qu'on lui dise : *je vous entends* ; et le talent, *je vous admire*. Il est donc vrai que c'est l'esprit qui éclaire, et que c'est le talent qui charme : l'esprit peut s'égarer, sans doute ; mais il craint l'erreur ; au lieu que le talent se familiarise d'abord avec elle, et en tire parti : car ce n'est pas la vérité, c'est une certaine perfection qui est son objet ; les variations, si déshonorantes pour l'esprit, étonnent si peu le talent, que, dans le conflit des opinions, c'est toujours la plus brillante qui l'entraîne ; d'où il résulte que l'esprit a plus de juges, le talent plus d'admirateurs ; et qu'enfin, après les passions, le talent est dans l'homme ce qui tend le plus de pièges au bon sens.

———

La différence du talent à l'esprit entraîne aussi pour eux, des conséquences morales. Le talent est sujet aux vapeurs de l'orgueil et aux orages de l'envie; l'esprit en est plus exempt. Voyez, d'un côté les poètes, les peintres, les acteurs: et de l'autre, les vrais penseurs, les métaphysiciens, et les géomètres. C'est que l'esprit court après les secrets de la nature qu'il n'atteint guère ou qu'il n'atteint que pour mieux se mesurer avec sa propre faiblesse : tandis que le talent poursuit une perfection humaine dont il est sûr, et a toujours le goût pour témoin et pour juge. De sorte que le talent est toujours satisfait de lui-même ou du public, quand l'esprit se méfie et doute de la nature et des hommes. En un mot, les gens d'esprit ne sont que des voyageurs humiliés qui ont été toucher aux bornes du monde, et qui en parlent à leur retour, à des auditeurs indifférens, qui ne demandent qu'à être gouvernés par la puissance ou charmés par le talent.

Les idées mendient l'EXPRESSION.

Il n'y a que les expressions créées qui portent un écrivain à la postérité.

Le génie égorge ceux qu'il pille.

Le génie des idées est le comble de

l'esprit : le génie des expressions est le comble du talent.

———

Dans le monde, l'esprit est toujours improvisateur ; il ne demande ni délai ni rendez-vous pour dire un mot heureux : il bat plus vîte que le simple bon sens ; il est, en un mot, *sentiment prompt et brillant.*

———

* Le talent est un art mêlé d'enthousiasme. S'il n'était qu'art, il serait froid ; s'il n'était qu'enthousiasme, il serait déréglé : le goût leur sert de lien.

———

Si le talent empêche le génie de tomber, le génie l'empêche de ramper.

La PAROLE est la physique expérimentale de l'esprit : chaque mot est un fait ; chaque phrase une analyse ou un développement ; tout livre une révélation plus ou moins longue du sentiment et de la pensée.

Un mot par lui-même n'est rien qu'un assemblage de lettres ; mais une expression est tout : c'est d'elle que les mots attendent la vie. L'expression est une assemblée plutôt qu'un assemblage de mots : elle les réunit et les allie pour peindre un sentiment, une image, une pensée.

---

* La parole est le vêtement de la pensée, et l'expression en est l'armure.

Les belles images ne blessent que l'envie.

Les idées sont comme les hommes, elles dépendent de l'état et de la place qu'on leur donne.

* La RAPIDITÉ est sublime, et la LENTEUR majestueuse.

* Dans la fable, il y a autant de législateurs que de poètes : il ne faut pas donner un code à l'imagination.

* On ne saurait entourer l'art des vers de trop de remparts et d'obstacles, afin qu'il n'y ait que ceux qui ont des ailes qui puissent les franchir.

* L'Olympe d'Homère est plus riche que celui de Virgile. Le haut du tableau de l'Iliade est bien mieux garni que celui de l'Énéide.

On ferait souvent un bon livre de ce qu'on n'a pas dit, et tel édifice ne vaut que par ses réparations.

Plus d'un écrivain est persuadé qu'il a fait penser son lecteur, quand il l'a fait suer. Il est pourtant vrai que celui qui ne rend sa pensée que d'une manière louche et entortillée, propose réellement un problème, et que ce problème n'est résolu que par celui qui parvient à la bien exprimer.

Les titres de la plupart des livres ne sont qu'un prétexte pour le génie.

* Le POÈTE épique n'emprunte point avec succès les grands personnages de l'histoire, parce que le merveilleux est l'ame de l'épopée. Les couleurs de la fiction ne tiennent point sur ces bustes vénérables qui portent les vieilles empreintes de l'histoire et du tems.

Ronsard avait bâti des chaumières avec des tronçons de colonnes grecques; Malherbe éleva le premier des monumens nationaux.

Analyse de l'ouvrage du Dante.

« Au tems où le Dante écrivait, la littérature se réduisait en France, comme en Espagne, aux petites poésies des troubadours. En Italie, on ne faisait rien d'important dans la langue du peuple; tout s'écrivait en latin. Mais le Dante ayant à construire son monde idéal, et voulant peindre pour son siècle et sa nation (1), prit ses matériaux où il les

---

(1) C'est un des grands défauts du poème, d'être fait un peu trop pour le moment; de là vient que l'auteur ne s'attachant qu'à présenter les nouvelles tortures qu'il invente, court toujours en avant, et ne fait qu'indiquer les aventures. C'étoit assez pour son tems, pas assez pour le nôtre.

trouva : il fit parler une langue qui avait bégayé jusqu'alors, et les mots extraordinaires qu'il créait au besoin, n'ont servi qu'à lui seul. Voilà une des causes de son obscurité. D'ailleurs, il n'est point de poète qui tende plus de pièges à son traducteur ; c'est presque toujours des bisarreries, des énigmes ou des horreurs qu'il lui propose : il entasse les comparaisons les plus dégoûtantes, les allusions, les termes de l'école et les expressions les plus basses : rien ne lui paraît méprisable, et la langue française chaste et timorée s'effarouche à chaque phrase. Le traducteur a sans cesse à lutter contre un style affamé de poésie, qui est riche et point délicat, et qui, dans cinq ou six tirades, épuise ses ressources et lui dessèche ses palettes. Quel parti donc prendre ? Celui de ménager ses couleurs ; car il s'agit d'en fournir aux dessins les plus fiers qui aient été tracés de main d'homme ; et lorsqu'on est pauvre et délicat, il convient d'être sobre. Il faut sur-tout varier ses inversions : le Dante dessine quelquefois l'attitude de ses personnages par la coupe de ses phrases ; il a des brusqueries de style qui produisent de grands effets ; et souvent dans la peinture de ses supplices il emploie une fatigue de mots, qui rend merveilleusement celle des tourmentés. L'imagination passe toujours de la surprise que lui cause la description d'une chose, à l'effroi que lui donne nécessairement la vérité du tableau : il arrive de là que ce monde visible ayant fourni au poète assez d'images pour peindre son monde idéal, il conduit et ramène sans cesse le lecteur de l'un à l'autre ; et ce mélange d'évènemens si invraisemblables et de couleurs si vraies, fait toute la magie de son poëme. »

« Le Dante a versifié par tercets, ou rimes triplées ; et c'est, de tous les poètes, celui qui, pour mieux porter le joug, s'est permis le plus d'expressions impropres et bisarres : mais aussi, quand il est beau, rien ne lui est comparable. Son vers se tient debout par la seule force du substantif et du verbe, sans le concours d'une seule épithète (1). »

---

(1) Tels sont sans doute aussi les beaux vers de Virgile et d'Homère ; ils offrent à la fois la pensée, l'image et le sentiment ; ce

« Si les comparaisons et les tortures que le Dante imagine, sont quelquefois horribles, elles ont toujours un côté ingénieux, et chaque supplice est pris dans la nature du crime qu'il punit. Quant à ses idées les plus bisarres, elles offrent aussi, je ne sais quoi de grand et de rare, qui étonne et qui attache le lecteur. Son dialogue est souvent plein de vigueur et de naturel, et tous ses personnages sont fièrement dessinés. La plupart de ses peintures ont en-

---

sont de vrais polypes, vivans dans le tout, et vivans dans chaque partie; et dans cette plénitude de poésie, il ne peut se trouver un mot qui n'ait une grande intention. Mais on n'y sent pas ce goût âpre et sauvage, cette franchise qui ne peut se lier avec la perfection, et qui fait le caractère et le charme du Dante.

core aujourd'hui la force de l'antique et la fraîcheur du moderne, et peuvent être comparées à ces tableaux d'un coloris sombre et effrayant, qui sortaient des ateliers de Michel-Ange et des Carraches, et donnaient à des sujets empruntés de la religion, une sublimité qui parlait à tous les yeux. »

« Il est vrai que dans cette immense galerie de supplices, on ne rencontre pas assez d'épisodes ; et malgré la briéveté des chants, qui sont comme des repos placés de très-près, le lecteur le plus intrépide ne peut échapper à la fatigue. C'est le vice fondamental du poème. »

« Enfin, du mélange de ses beautés et de ses défauts, il résulte un poème qui ne ressemble à rien de ce qu'on a vu, et qui laisse dans l'ame une impression durable. On se demande, après l'avoir lu, comment un homme a pu trouver dans son imagination tant de supplices différens, qu'il semble avoir épuisé les ressources de la vengeance divine ; comment il a pu, dans une langue naissante, les peindre avec des couleurs si chaudes et si vraies; et dans une carrière de trente-quatre chants, se tenir sans cesse la tête courbée dans les enfers. »

« Au reste, ce poème ne pouvait paraître dans des circonstances plus malheureuses : nous sommes trop près ou trop loin de son sujet. Le Dante parlait à des esprits religieux, pour qui ces paroles étaient des paroles de vie, et qui l'entendaient à demi-mot ; mais il semble qu'aujourd'hui on ne puisse plus traiter les grands sujets mystiques d'une manière sérieuse. Si jamais, ce qu'il n'est pas permis de croire, notre théologie devenait une langue morte, et s'il arrivait qu'elle obtînt, comme la mythologie, les honneurs de l'antique, alors le Dante inspirerait une autre espèce d'intérêt : son poème s'éleverait comme un grand monument au milieu des ruines des littératures et des religions. Il serait plus facile à cette postérité reculée, de s'accommoder des peintures sérieuses du poète, et de se pénétrer de la véritable terreur de son enfer ; on se ferait chrétien avec le Dante, comme on se fait payen avec Homère (1). »

---

(1) Je serais tenté de croire que ce poème

Sur Shakespear.

Comme le théâtre donne un grand éclat à une nation, les Anglais se sont ravisés sur leur Shakespear, et ont voulu, non-seulement l'opposer, mais le mettre encore fort au-dessus de notre Corneille : honteux d'avoir jusqu'ici ignoré leur propre richesse. Cette opinion est d'abord tombée en France, comme une hérésie en

aurait produit de l'effet sous Louis XIV, quand je vois Pascal avouer dans ce siècle, que la sévérité de Dieu envers les damnés, le surprend moins que sa miséricorde envers les élus. On verra par quelques citations de cet éloquent misantrope, qu'il étoit bien digne de faire l'Enfer, et que peut-être celui du Dante lui eût semblé trop doux.

plein concile : mais il s'y est trouvé des esprits chagrins et anglomans, qui ont pris la chose avec enthousiasme. Ils regardent en pitié ceux que Shakespear ne rend pas complètement heureux, et demandent toujours qu'on les enferme avec ce grand homme. Partie mal-saine de notre littérature, lasse de reposer sa vue sur les belles proportions ! Essayons de rendre à Shakespear sa véritable place.

On convient d'abord que ses tragédies ne sont que des romans dialogués, écrits d'un style obscur et mêlé de tous les tons ; qu'elles ne seront jamais des monumens de la langue anglaise, que pour les Anglais mêmes : car les étrangers voudront toujours que les monumens d'une langue en soient aussi les modèles, et ils les choisiront dans les meilleurs siècles. Les poèmes de Plaute et d'Ennius étaient des monumens pour les Romains et pour Virgile lui-même ; aujourd'hui nous ne reconnaissons que l'Enéide. Shakespear pouvant à peine se soutenir à la lecture, n'a pu supporter la traduction, et l'Europe n'en a jamais joui : c'est un fruit qu'il faut goûter sur le sol où il croît. Un étranger qui n'apprend l'Anglais que dans Pope et Adisson, n'entend pas Shakespear, à l'exception de quelques scènes admirables que tout le monde sait par cœur. Il ne faut pas plus imiter Shakespear que le traduire : celui qui aurait son génie, demanderait aujourd'hui le style et le grand sens d'Adisson.

Car si le langage de Shakespear est presque toujours vicieux, le fonds de ses pièces l'est bien davantage : c'est un délire perpétuel ; mais c'est quelquefois le délire du génie. Veut-on avoir une idée juste de Shakespear? Qu'on prenne le Cinna de Corneille, qu'on mêle parmi les grands personnages de cette tragédie, quelques cordonniers disant des quolibets, quelques poissardes chantant des couplets, quelques paysans parlant le patois de leur province, et faisant des contes de sorciers ; qu'on ôte l'unité de lieu, de tems et d'action; mais qu'on laisse subsister les scènes sublimes, et on aura la plus belle tragédie de Shakespear. Il est grand comme la nature et inégal comme elle, disent ses enthousiastes. Ce vieux sophisme mérite à peine une réponse.

L'art n'est jamais grand comme la nature, et puisqu'il ne peut tout embrasser comme elle, il est contraint de faire un choix. Tous les hommes aussi sont dans la nature, et pourtant on choisit parmi eux, et dans leur vie on fait encore choix des actions. Quoi ! parce que Caton prêt à se donner la mort, châtie l'esclave qui lui refuse un poignard, vous me représentez ce grand personnage donnant des coups de poing ? Vous me montrez Marc-Antoine ivre et goguenardant avec des gens de la lie du peuple ? Est-ce par là qu'ils ont mérité les regards de la postérité ? Vous voulez donc que l'action théâtrale ne soit qu'une doublure insipide de la vie ? ne sait-on pas que les hommes en s'enfonçant dans l'obscurité des tems, perdent une foule de détails qui les déparent, et qu'ils acquièrent par les lois de la perspective une grandeur et une beauté d'illusion qu'ils n'auraient pas, s'ils étaient trop près de nous ? La vérité est que Shakespear s'étant quelquefois transporté dans cette région du beau idéal, n'a jamais pu s'y maintenir. Mais, dira-t-on, d'où vient l'enthousiasme de l'Angleterre pour lui ? De ses beautés et de ses défauts. Le génie de Shakespear est comme la majesté du peuple anglais: on l'aime inégal et sans frein : il en paraît plus libre. Son style bas et populaire en participe mieux de la souveraineté nationale. Ses beautés désordonnées causent des émotions plus vives, et le peuple s'intéresse à une tragédie de Shakespear, comme à un événement qui se passerait dans les rues. Les plaisirs purs que donnent la décence, la raison, l'ordre et la perfection, ne sont faits que pour les ames délicates et exercées. On peut dire que Shakespear, s'il était moins monstrueux, ne charmerait pas tant le peuple ; et qu'il n'étonnerait pas tant les connaisseurs, s'il n'était pas quelquefois si grand. Cet homme extraordinaire a deux sortes d'ennemis, ses détracteurs et ses enthousiastes ; les uns ont la vue trop courte pour le reconnaître quand il est sublime ; les autres l'ont trop fascinée pour le voir jamais autre. *Nec rude quid prosit video, ingenium.* Hor.

Voltaire régnait depuis un siècle; il ne donnait de relâche ni à ses admirateurs ni à ses ennemis. L'infatigable mobilité de son ame de feu l'avait appelé à l'histoire fugitive des hommes. Il attacha son nom à toutes les découvertes, à tous les événemens de son tems, et la renommée s'accoutuma à ne plus parler sans lui. Ayant caché le despotisme de l'esprit sous des graces toujours nouvelles, il devint une puissance en Europe, et fut pour elle le Français par excellence, lorsqu'il était pour les Français l'homme de tous les lieux et de tous les siècles. Il joignit enfin à l'universalité de sa langue son universalité personnelle; et c'est un problême de plus pour la postérité.

* Racine a des couleurs, mais Corneille a des ressorts.

Ceux qui empruntent les tournures des anciens auteurs, pour être naïfs, sont des vieillards qui, ne pouvant parler en hommes, bégaient pour paraître enfans.

Celui qui, pour être naïf, emprunte une phrase d'Amyot, demanderait, pour être brave, l'armure de Bayard.

Il y a des mots pleins de sel, que l'esprit crée au besoin et pour le moment, et que le goût ne veut pas qu'on déplace.

Madame de la Sablière appelait La Fontaine *son Fablier*, pour faire entendre que cet auteur portait des fables comme un arbre porte des fruits. Ce grand fabuliste dit que l'*âne se prélasse*, pour dire qu'*il marche comme un prélat*.

On trouve dans Molière : *Et vous serez, ma foi tartuffiée*, pour dire *et vous épouserez Tartuffe*.

L'impératrice des Russies, en peignant je ne sais quel avocat français qui allait faire le législateur dans ses états, écrit à Voltaire que *cet homme est venu législater chez elle*.

Ces mots, je le répète, sont du répertoire de la grace. La grammaire les méconnaît, et on ne les trouve pas dans ses dictionnaires.

En vain les trompettes de la renommée ont proclamé telle prose ou tels vers : il y a toujours dans la capitale trente ou quarante têtes incorruptibles qui se taisent. Ce silence des gens de goût sert de conscience aux mauvais écrivains, et les tourmente le reste de leur vie.

Quand un homme, sorti d'une longue retraite, se révèle tout-à-coup au public dans un ouvrage où il a donné une grande puissance à son expression, la foule des imitateurs se presse autour de lui : ils se font lierre, parce qu'il s'est fait chêne.

L'envie pardonne quelquefois l'éclat du style à un grand homme, qui n'a pas le don de la parole ; parce que s'il paraît dans le monde, qu'il y montre de l'embarras ou de la disgrace, il a l'air d'un enchanteur qui a perdu sa baguette, et on se félicite de son malheur.

Voltaire produisant une pièce fugitive, était Hercule maniant de petits fardeaux et les faisant voltiger sur ses doigts ; son excès de force était sa grace. Mais quand, avec la même dose de poésie, il est entré dans l'épopée, il n'a fait que la Henriade.

* Diderot est un génie d'un ordre composite.

* Les pyramides d'Egypte sont les plus anciennes bibliothèques du genre humain.

Quand Florian s'est élevé de petite pièce en petite pièce jusqu'à une sorte d'épopée, les gens du monde l'ont abandonné aux gens de lettres ; ils ont été de feuille en feuille ses amis jusqu'au volume.

* On n'aime point les apparitions trop brusques en littérature, et la réputation la plus brillante a besoin de son crépuscule.

* Il faut se garder de manier ces

ouvrages froids et léchés, qui n'avertissent l'imagination ni par de grandes beautés, ni par de grands défauts, et qui nous endorment par l'apparence d'une perfection tranquille.

―――

Il y a des auteurs qui ont fait des livres avec une ou deux sensations ; telle est Young, avec la nuit et le silence.

―――

* Le poète n'est qu'un sauvage très-ingénieux et très-animé. L'un et l'autre ne parle que par hiéroglyphes et par images, avec cette différence que le poète tourne dans un cercle d'idées beaucoup plus étendu.

―――

Le jugement défend d'écrire comme

on parle ; la nature ne permet pas de parler comme on écrit ; le goût marie les vivacités de la conversation aux formes méthodiques et pures du style écrit.

Que, dans le siècle où nous sommes, un homme se trouvant sans esprit, sans imagination et sans talent, prenne un fourneau, un alambic, une machine électrique, et se fasse chimiste ou physicien : on entendra parler de lui ; on verra éclore ce nom inconnu, dont on sera forcé de se charger la mémoire ; et grace à leur ignorance, la plupart des gens du monde ne sauront jamais jusqu'à quel point on doit estimer ou mépriser ce manœuvre. Il n'en est pas ainsi en littérature : quatre lignes de prose ou quelques vers classent un homme presque sans retour : il n'est pas là de dissimulation.

―――――

Celui dont les idées sortent des routes communes, qui joint l'extraordinaire à la rapidité ; celui qui en un mot déplace les idées de ceux qui l'écoutent et leur communique ses mouvemens, celui-là passe pour avoir de l'esprit. Que ses idées soient justes ou non, exprimées avec goût ou sans goût, n'importe ; il a remué ses auditeurs, il a de l'esprit.

―――――

La nature tonne à l'oreille de l'homme de lettres, quand elle murmure à peine à celle des gens du monde.

LITTÉRATURE.

Portrait de la fortune.

Celui dont le regard embrasse les mondes, entrelaçant jadis leurs orbes dans les cieux, dit à ses ministres de régler la course des torrens de lumière et l'harmonie des globes. A sa voix, une divinité puissante vint ici-bas s'asseoir au trône des splendeurs mondaines. C'est elle dont la main promène de peuple en peuple et de race en race, la honte ou la gloire, et qui trouble à son gré les conseils de l'humaine sagesse. Invisible comme le serpent sous l'herbe, elle distribue aux enfans des hommes les fers ou les couronnes, et les soupirs de l'ambition n'arrivent pas jusqu'à elle. Collègue de l'empire des mondes, elle prévoit, juge et règne à jamais. L'inflexible nécessité qui la devance, sème les événemens devant elle, et sollicite sans relâche son infatigable vicissitude. Souvent la voix mensongère des peuples a flétri son nom ; souvent, après des bienfaits, elle a reçu la plainte outrageuse de l'homme ; mais heureuse dans sa sphère et sourde à ses vaines clameurs, elle agite sa roue, et poursuit au sein des dieux sa paisible éternité.

CRITIQUE.

Un poète a placé la CRITIQUE à la porte du temple du goût, comme sentinelle des beaux-arts.

L'esprit de critique est un esprit d'ordre : il connaît des délits contre le goût et les porte au tribunal du ridicule; car le rire est souvent l'expression de sa colère; et ceux qui le blâment ne songent pas assez que l'homme de goût a reçu vingt blessures avant d'en faire une.

Les gens de goût sont les hauts-justiciers de la littérature.

* L'art doit se donner un but qui recule sans cesse.

Le goût viole quelquefois les règles comme la conscience les lois, et c'est alors qu'il se surpasse lui-même. Mais ces cas sont rares.

---

* Les petits esprits triomphent des fautes des grands génies, comme les hiboux se réjouissent d'une éclipse de soleil.

Le critique, économe du tems, cherche les taches dans Racine et les beautés dans Crébillon.

* Montesquieu prend quelquefois les éblouissemens pour la lumière. Quelquefois aussi il se perd dans les nuages dont il s'enveloppe, mais il se sauve par la fréquence des éclairs.

* *L'Esprit des lois* est comme le Nil : large, immense, fécond dans son cours ; faible et obscur à sa naissance.

* Rousseau a des cris et des gestes dans son style. Il n'écrit point, il est toujours à la tribune.

* Voltaire a employé la mine-de-plomb pour l'épopée, le crayon pour

l'histoire, et le pinceau pour la poésie fugitive.

---

* Virgile fait de la poésie au soleil, mais Voltaire fait de la poésie à la bougie.

---

* Virgile a pour lui l'attirail de la nature, le soleil, les astres, le ciel, les campagnes, les troupeaux, la charrue, les moissons, les abeilles, etc. Voltaire a pour lui l'attirail de la société, les trumeaux, les glaces, le salon, le boudoir, le sopha, etc.

---

* Voltaire s'abandonne rarement, et quand il s'abandonne il n'est jamais sublime.

---

* Virgile a voulu que l'image vêtit

la pensée, comme le corps revêt l'esprit : il y a toujours dans le style des autres écrivains une partie morte ; le style de Virgile est vivant dans le tout et dans les parties.

Quand le Dante est beau, rien ne lui est comparable ; son vers se tient debout par la seule force du verbe et du substantif, sans le concours d'une seule épithète.

J'aime mieux Racine que Voltaire, par la raison que j'aime mieux le jour et les ombres que l'éclat et les taches.

Buffon qui demandait encore moins d'expressions que d'idées à son imagination, s'est moqué tour-à-tour des faiseurs d'expériences et des affinités de la chimie : nous avons déja assez de faits, dit-il, pour méditer toute la vie. C'est avec un tel principe qu'on enfante des *Théorie de la terre*, des *Histoire naturelle des minéraux*, etc. Aussi les nouvelles observations ont déja fait échec à sa gloire, et les chimistes avec leurs affinités, ébranlent de jour en jour sa statue.

---

* On avait compté jusqu'ici trois espèces de style (1), qu'on classe innocemment dans les rhétoriques courantes ; mais nous sommes forcés d'en admettre une quatrième, depuis que M. Necker a écrit ; c'est le style *ministériel*.

---

(1) Le simple, le tempéré et le sublime.

* Il y a des corps NATURELS et des corps ARTIFICIELS. Les corps naturels ont un *moi* intérieur et indépendant. Les corps *artificiels* n'ont qu'un *moi* extérieur, un *moi* qui a pris naissance dans la tête de l'artiste qui les a créés : ils n'ont donc pas la conscience d'eux-mêmes. On ne peut donc les employer, comme personnages, dans l'apologue. Ainsi La Fontaine a eu tort de faire du CIERGE l'acteur d'une de ses fables.

Les Grecs, avec leur mythologie, ont baptisé toutes les passions, et avec leur philosophie tous les systèmes.

* Rivarol disait que c'était dans les yeux que se faisait l'alliance de la matière et de l'esprit, ce qu'il exprimait ainsi, en parodiant un vers de *la Henriade* :

« Lieux où finit le corps et commence l'esprit. »

* La seule manière de rendre ce vers de Virgile

.... Neque audit currus habenas.

avec une sage hardiesse, c'est de le traduire ainsi :

« L'attelage emporté n'écoute plus les rênes. »

Ce vers, quoique très-hardi, n'a rien qui effarouche ni le goût ni la langue, parce que dans le mot *attelage*, qui comprend à la fois le char et les coursiers, il y a une heureuse mixtion de la matière morte et de la matière animée, qui permet cette hardiesse.

―――

* Un jour Rivarol causait avec d'Alembert qui n'aimait pas Buffon. D'Alembert lui disait : « ne me parlez pas de votre Buffon, de ce comte de Tuffières, qui, au lieu de nommer simplement le *cheval*, dit : *La plus noble conquête que l'homme ait jamais faite, est celle de ce fier et fougueux animal*, etc. Que ne dit-il le cheval ? » — Oui, reprit Rivarol, c'est comme ce sot de J.-B. Rousseau, qui s'avise de dire :

« Des bords sacrés où naît l'aurore
« Aux bords enflammés du couchant, »

au lieu de dire de l'*est* à l'*ouest*.

BEAUX-ARTS.

* Il n'y a d'original que la nature. La parole est la traduction de la pensée; et tous les ARTS ne sont que des traductions de la parole.

---

* Tout art est né des importunités du besoin et des refus de la nature.

En fait d'arts et de sciences, il n'est pas d'âge d'or; et le berceau du genre humain n'a point eu de privilège.

---

* Les moyens de la PEINTURE sont

immenses, et ses résultats sont bornés. Les moyens de la poésie sont bornés, et ses résultats sont immenses. Virgile dans vingt beaux vers donne autant de sensations et d'idées, que Raphaël dans toutes ses loges du Vatican.

---

* La peinture n'emprunte qu'une attitude aux personnages, qu'un incident à l'action, et qu'un moment au tems. Le peintre ne dispose que d'un lieu, le poète a l'espace à sa disposition.

---

* La poésie peint deux tems à la fois. Ainsi dans ce vers de Virgile :

Jamque rubescebat stellis aurora fugatis,

le poète montre à la fois les étoiles

qui ont disparu, et l'aurore qui vient de naître.

———

La MUSIQUE doit bercer l'ame dans le vague et ne lui présenter que des motifs. Malheur à celle dont on dira qu'elle a tout défini !

———

La Vénus de Florence n'est qu'un marbre, mais ce marbre a la perfection. Une femme a des imperfections, mais elle a la vie et le mouvement : en sorte que la statue serait insupportable à cause de son immobilité, si elle n'avait la perfection des formes ; et la femme ne serait qu'une mauvaise statue à cause de ses imperfections, si elle n'avait le charme que lui donnent la vie et le jeu des passions.

En fait d'arts, si c'est la partie laborieuse d'une nation qui crée, c'est la partie oisive qui choisit et qui règne.

Quoique tout soit mesure, calcul et froide géométrie dans la nature, son auteur a pourtant su donner un air de poésie à l'univers. Que l'entendement ouvre son compas sur le côté géométrique du monde, l'imagination étendra toujours ses regards, et le talent ses espérances et ses conquêtes sur les formes ravissantes et sur le riant théâtre de la nature. Que le prisme, disposant pour nous de l'arc-en-ciel, dissèque les rayons du soleil, ou que le télescope l'atteigne dans la profondeur de ses espaces, ce père du jour aura-t-il rien perdu de sa pompe et de sa puissance ? Ne fournira-t-il pas toujours cette inépuisable chaleur qui ranime et féconde la terre et tout ce qui l'habite, et les fleurs qui la décorent et le poète qui la chante ? Oui sans doute, le génie voltigera toujours sur cette brillante et riche draperie, dont les plis ondoyans nous cachent tant de leviers et tant de ressorts; et s'il découvre dans les entrailles du globe ou dans l'application du calcul à ses lois, sa vaste charpente, les monumens de son antiquité et les promesses de sa durée, il ne voit au dehors que sa grace, et sa vie, et sa fertile verdure, et tous les gages de son immortelle jeunesse. Que l'air décomposé cesse d'être un élément pour le chimiste ; que ses parties entassées s'élèvent suivant leur pesanteur spécifique ; qu'il soit reconnu pour matière des vents et du son : mais qu'il s'élève toujours en voûte bleue sur nos têtes ; que les astres de la nuit rayonnent toujours dans son voile azuré, et qu'il soit tour-à-tour et à jamais l'harmonieux ou le bruyant ministre de la musique et des tempêtes, soit qu'il porte un doux frémissement et de tendres émotions dans nos ames, ou que son aile vigoureuse balaie avec fracas la surface de la terre et des mers. Les expériences sur la génération ne feront point oublier l'amour et sa mère ; et la sève assujettie aux lois des fluides, mais filtrée sous les doigts des Dryades, et s'épanouissant en boutons et en fleurs, ira toujours décorer l'empire de Flore et de Zéphir. Eh! pourquoi prononcer entre le goût et la science, entre le Jugement et l'Imagination, un divorce que ne connaît pas la nature? N'a-t-elle pas marié le calcul et le mécanisme à la fraîcheur et au coloris des surfaces, et ne cache-t-elle pas le squelette humain sous la molesse élastique des chairs et sous le duvet et l'éclat du teint? Sa voix, juste et sonore, nous appelle également aux hautes sciences et aux beaux-arts: peut-on la peindre sans l'étudier, l'étudier et la peindre sans l'imiter? Apprenons d'elle qu'instruire et plaire sont inséparables; reconnaissons enfin que le savant qui ne veut que la sonder, et que le poète qui n'aime qu'à la chanter; qu'en un mot le Talent et l'Esprit ne sont que deux députés de l'espèce humaine, chargés chacun à part de missions différentes; et qu'on ne saurait trop confronter et réunir leur double correspondance, pour s'assurer plutôt de la véritable intention de la nature, et pour hâter les jouissances et le perfectionnement du genre humain.

ANECDOTES ET BONS MOTS
de Rivarol.

Les lectures de société éventent le génie et déflorent un ouvrage.

---

* Rivarol disait du *Tableau de Paris*, de Mercier : ouvrage pensé dans la rue, et écrit sur la borne. Il ajoutait : l'auteur a peint la cave et le grenier, en sautant le salon.

---

* Condorcet écrit avec de l'opium sur des feuilles de plomb.

---

* Le secrétaire de Rivarol ne se rappelait plus le soir ce qu'il avait

écrit le matin. Aussi, Rivarol disait de lui : ce serait un excellent secrétaire de conspiration.

Il ne faut pas des sots aux gens d'esprit, comme il faut des dupes aux fripons.

Dans le poème des *Jardins*, M. Delille, toujours occupé de faire un sort à chacun de ses vers, n'a pas songé à la fortune de l'ouvrage entier.

---

* Il disait en parlant du goût que les Français avaient témoigné pour les drames de Mercier : nous ressemblons aujourd'hui à des convives qui demandent de l'eau-de-vie, sur la fin d'un excellent repas.

Cubières est une providence pour les almanachs.

Rivarol appelait le Petit Almanach des grands hommes les *Saturnales* de la littérature, et il appelait la révolution les *Saturnales* de la liberté.

---

* G***. est le premier qui ait transporté les amplifications du barreau dans les éloges académiques ; sans s'étonner de ses succès, il travaille sans relâche à nous familiariser avec les formes de style les plus extraordinaires.

Sur Cubières : tous les almanachs portent des marques de sa muse.

* Il disait du *Monde primitif* de Court-de-Gébelin : c'est un livre qui n'est pas proportionné à la brièveté de la vie, et qui sollicite un abrégé dès la première page.

* Il y a des gens qui sont toujours près d'éternuer ; G.*** est toujours près d'avoir de l'esprit et même du bons sens.

Sur l'abbé de Vauxcelles, auteur de plusieurs oraisons funèbres : on ne sent jamais mieux le néant de l'homme que dans la prose de cet orateur.

Sur d'Arnaud : la probité de ses vers et l'honnêteté de sa prose sont connues.

---

* Ma vie est un drame si ennuyeux, que je soutiens toujours que c'est Mercier qui l'a fait.

---

* On lui reprochait d'avoir pillé les idées de Condillac et de Montesquieu. Je me suis servi des modernes, répondit-il, comme un orfèvre se sert de ses poids, pour peser de l'or.

* Si Mirabeau a eu quelque succès, c'est qu'il a toujours écrit sur des matières palpitantes de l'intérêt du moment.

* Le seul grand homme qu'il y ait aujourd'hui en Europe, depuis la mort de Frédéric II, est la femme extraordinaire qui gouverne la Russie.

* Il disait des vers de F. de N.... c'est de la prose où les vers se sont mis.

* Il appelait Champcenetz son clair de lune.

* Je ne suis ni Jupiter ni Socrate, et j'ai trouvé dans ma maison Xantippe et Junon.

---

* M.*** rappelait à Rivarol une pièce de vers de sa composition, il lui répondit : vous voudriez bien que je l'eusse oubliée.

---

* Il disait de Madame de Béthizy, avec laquelle il venait de lire les *Éloges* de Fontenelle : ses objections éclaircissaient le point de la difficulté, et ses questions abrégeaient la réponse.

---

* Il disait sur l'affaire du collier :

M. de Breteuil a pris le cardinal de Rohan des mains de madame de la Mothe, et l'a écrasé sur le front de la reine, qui en est restée marquée.

---

*Il disait de MM. G.*** et L.*** : ils sont partis, l'un de Grenoble et l'autre de Bayonne, et se sont donné rendez-vous à Paris, pour y venir faire le mariage de la jurisprudence et de la philosophie.

A l'affaire du six octobre, il disait de La F.*** : il fallut réveiller cet autre Morphée.

---

* G.*** a toujours l'œil au ciel, et

il cherche ses inspirations dans le plafond.

---

* Rivarol disait de Champcenetz : je le bourre d'esprit. C'est un gros garçon d'une gaîté imperturbable.

---

* Il disait du fils de Buffon : c'est le plus pauvre chapitre de l'Histoire naturelle de son père.

---

* Mirabeau était l'homme du monde qui ressemblait le plus à sa réputation : il était affreux.

---

* Il disait de l'abbé Millot, auteur de plusieurs abrégés historiques : il

a fait des commissions dans l'histoire.

* Lire Barême, écouter d'Arnaud et mal dîner, voilà ce que je léguerai à mes ennemis.

M. Delille, traducteur des Géorgiques, est sorti boiteux, comme Jacob, de sa lutte avec un Dieu.

* Les nobles d'aujourd'hui ne sont plus que les mânes de leurs ancêtres.

* Rivarol disait de son frère : il serait l'homme d'esprit d'une autre famille, et c'est le sot de la nôtre.

* Il disait encore de son frère : Jérémie aurait été un bouffon à côté de lui.

* Il disait de Palissot, tour-à-tour transfuge de la religion et de la philosophie : il ressemble à ce lièvre qui, s'étant mis à courir entre deux armées prêtes à combatre, excita tout-à-coup un rire universel.

* Dans un cercle, une femme qui avait de la barbe au menton, ne déparlait pas de la soirée. Cette femme est homme, dit Rivarol, à parler jusqu'à demain matin.

Rivarol appelait *la Déclaration*

des droits de l'homme, la préface criminelle d'un livre *impossible*.

La prise de la Bastille fut une prise de possession.

---

*Il disait de G.*** qui défigurait un de ses bons mots, en le répétant : il ne tient pas à lui que ce ne soit plus un bon mot.

---

*Madame de Staël est la Bacchante de la révolution.

---

* Mirabeau, capable de tout pour de l'argent, même d'une bonne action.

Le mérite de Colomb et de Montgolfier est en raison inverse de leurs siècles : l'un manifesta son génie à des peuples ignorans et barbares, et l'autre a montré la plus excessive simplicité dans un siècle de lumière.

Du tems du Directoire, la constitution avait placé le trône près des galères.

---

* Il disait, en parlant de ceux qui se plaignaient d'avoir été houspillés dans le *Petit Almanach des grands hommes :* si on les avait laissés dans l'oubli, on aurait trop délustré la littérature française.

Rivarol appelait les bons vers de la traduction des Géorgiques, de M. Delille, les stygmates de Virgile.

* Le chat ne nous caresse pas, il se caresse à nous.

* Il disait de Thibault qui faisait à Hambourg des lectures très-peu suivies : il paie les huissiers, non pas pour empêcher d'entrer, mais pour empêcher de sortir.

* M. de Montlosier, avant de partir pour Londres, vint remettre un de ses ouvrages à Rivarol, alors

à Bruxelles. Ce dernier lui dit : vous ne voulez donc pas que je m'apperçoive de votre absence ?

---

* Il disait de M. de Créqui : il ne croit pas en Dieu, mais il craint en Dieu.

---

* C'est à Paris que la providence est plus grande qu'ailleurs.

---

* Au sujet des accroissemens de Paris, il disait : Paris ressemble à une fille de joie qui ne s'agrandit que par la ceinture.

---

* Les Mécènes d'aujourd'hui sont les Midas du tems passé.

* On sait que Mirabeau, à la tribune, affectait le geste de la statue de lord Chatam. Il profita un jour d'une plaisanterie faite par un enfant, et dont il tira parti dans une de ses harangues, sur quoi Rivarol dit : que penser de l'éloquence d'un homme qui vole ses gestes à un mort, et ses bons mots à un enfant ?

---

* Je compare les ouvrages de Mirabeau à des brûlots lâchés au milieu d'une flotte ; ils y mettent le feu, mais ils s'y consument.

---

* Beaumarchais, le jour de la première représentation de Figaro, disait à Rivarol, qui se trouvait à côté de lui au spectacle : j'ai tant couru ce matin à Versailles, auprès des ministres, auprès de la police, que j'en ai les cuisses rompues.—C'est toujours cela, reprit Rivarol.

---

* Target avait dit à l'assemblée : je vous engage, Messieurs, à mettre ensemble la paix, la concorde, suivies du calme et de la tranquillité ; Rivarol parodiait ainsi plaisamment l'éloquence un peu niaise de cet orateur : et n'allez pas mettre d'un côté la paix et la concorde, et de l'autre, le calme et la tranquillité ; mais mettez tout ensemble la paix et la concorde, suivies du calme et de la tranquillité.

Sur l'Ab.... de D.*** : cela dispense de la parodie.

---

* Rivarol et l'abbé Sabatier avaient été invités à déjeûner chez la princesse de Vaudemont. On offrit du saucisson d'ânon à l'abbé Sabatier. Rivarol dit : l'abbé n'en mangera pas ; il n'est pas antropophage.

---

* L'auteur de *Numa* a des loix somptuaires dans son style ; et son sujet exigeait un peu de luxe.

---

* Une femme sans talent est la marâtre de son esprit : elle ne sait que tuer ses idées.

Le mérite des formes et la façon est si considérable, que l'abbé S.*** ayant dit à quelqu'un de ma connaissance : *permettez que je vous dise ma façon de penser*, celui-ci lui répondit fort à propos : *dites-moi tout uniment votre pensée, et épargnez-moi la façon.*

―――――

L'auteur de *Strafford* disait un jour à une femme de goût, dont il ne se méfiait pas assez : *que pensez-vous de mon livre ?* Cette femme lui répondit : *je fais comme vous, monsieur, je ne pense pas.* Tout le monde aussi pourrait dire à l'auteur de l'*Influence des Passions* : je fais comme vous, madame, je n'y entends rien.

---

* Le duc d'Orléans, au commencement de 1789, jetta les yeux sur Rivarol, et lui dépêcha le duc de Biron, pour l'engager à publier une brochure sur ce qu'on appelait les dilapidations de la cour. Rivarol parcourut d'un air dédaigneux le canevas qu'on lui présenta. Après un moment de silence, il dit au plénipotentiaire : « monsieur le duc, » envoyez votre laquais chez Mira- » beau ; joignez-ici quelques centai- » nes de louis, votre commission est faite. »

---

* Un émigré d'un très-grand nom, voyant la considération dont jouissait

Rivarol à la cour de Prusse, lui demanda pourquoi il n'avait pas engagé son frère à venir le joindre; Rivarol répondit au Français indiscret: *monsieur, c'est que j'ai laissé derrière moi un patron, pour tâcher de me faire sortir de l'enfer.*

---

* Une femme à Londres, lui montrait avec complaisance des bijoux précieux, qu'il reconnut avoir fait partie du mobilier de Versailles; il ne put s'empêcher de lui dire : madame, je suis bien fâché pour vous, que vous ne possédiez cela que de seconde date.

---

* Questionné par une des plus grandes dames de Berlin, si les

Françaises étaient réellement plus jolies que les Prussiennes, Rivarol répondit à la princesse : « madame, » à Paris, on ne juge guères de la » beauté que par les yeux ; ici, au » contraire, c'est le cœur qui fixe » les yeux. »

Les rois de France guérissaient leurs sujets de la roture, à-peu-près comme des écrouelles, à condition qu'il en resterait des traces.

M. Necker est un charlatan si impudent, que ses promesses finissent par persuader ceux même qui n'y croient pas.

---

* L'abbé de Balivière lui deman-

dait une épigraphe, pour une brochure qu'il venait de composer : je ne puis, répondit-il, vous offrir qu'une épitaphe.

* Il disait de son frère : c'est une montre à répétition ; elle sonne bien quand il me quitte.

* Quelqu'un lui demandait son avis sur un distique : c'est bien, dit-il ; mais il y a des longueurs.

* M. de L.*** avait dit dans une société à l'abbé de Balivière : mettez-vous là, à côté de moi, l'abbé, vous direz force bêtises, et cela réveillera mes idées. Rivarol retournait plai-

samment ce mot de M. de L.***, en disant à son secrétaire : M. de B.***, mettez-vous là, je vous dirai force bêtises, et cela réveillera vos idées.

---

* Il peignait le poète Le Brun, le matin, dans son lit, assis sur son séant, entouré d'Homère, de Pindare, d'Anacréon, de Virgile, d'Horace, de Racine, de Boileau, etc.; et pêchant à la ligne un mot dans l'un, un mot dans l'autre, pour en composer ses mosaïques poétiques.

---

* Sur l'abbé de M.*** : son esprit ressemble à un camion, pointu et borné.

* Il disait du chevalier de P***, d'une mal-propreté remarquable : il fait tache dans la boue.

* Le poème des *Mois* est en poésie le plus beau naufrage du siècle.

* Sur Dumourier : il défait à coups de plume le peu qu'il a fait à coups d'épée.

C'est un terrible avantage que de n'avoir rien fait, mais il ne faut pas en abuser.

* Certains auteurs ont une fécondité

malheureuse, G***. a une malheureuse infécondité.

---

* Delille est l'abbé Virgile.

---

* Il disait très-plaisamment en parlant de la maladresse des Anglaises : elles ont deux bras gauches.

L'esprit voit vite, juste et loin.

---

* Un jour il rencontra Florian, qui marchait devant lui, avec un manuscrit qui sortait de sa poche, il l'aborda, et lui dit : ah ! monsieur, si l'on ne vous connaissait pas, on vous volerait.

* Je fais les épigrammes, et mon frère se bat.

---

* L'abbé de Balivière disait à Rivarol, au sujet de la révolution : oui, c'est l'esprit qui nous a tous perdus. Il lui répondit : que ne nous offriez-vous l'antidote ?

---

* M. Lally-Tolendal est le plus gras des hommes sensibles.

---

* Le style de La H.... est poli sans avoir de l'éclat ; on voit qu'il l'a passé au brunissoir.

* Il disait des laquais enrichis : ils ont sauté du derrière de la voiture en dedans, en évitant la roue.

* Il dit, en apprenant la nomination de Champfort à l'académie française : c'est une branche de muguet entée sur des pavots.

* Le M. de S.***, qui était manchot, venait de solliciter une pension de l'assemblée constituante. Rivarol dit à ce sujet : il tend à l'assemblée jusqu'à la main dont le bras lui manque.

* Les ouvrages de Cubières, qui

se vendent sur *le titre*, sont comme ces ballets que les Hollandais expédient pour Batavia, et qui en reviennent, d'après l'étiquette, sans avoir été ouverts.

———

* Quelqu'un lui disait : connaissez-vous le vers du siècle :

« Le trident de Neptune est le sceptre du monde. »

Oui, répondit-il, mais ce n'est qu'un ver solitaire.

———

* On lui demandait son sentiment sur madame de Genlis. Je n'aime, répondit-il, que les sexes prononcés.

———

* Il disait au sujet de nos prétendus régénérateurs en finances : que de zéros pour une simple soustraction à faire !

———

Les rois de France, en vendant la noblesse, n'ont pas songé à vendre aussi le tems qui manque toujours aux parvenus.

———

* Madame de Coigny écrivait à Rivarol, au sujet de son *dialogue entre M. de Limon et un homme de goût* : de mémoire d'émigrée, je ne me rappelle pas avoir ri d'aussi bon goût ; c'est plus fin que le comique, plus gai que le bouffon, et plus drôle que le burlesque.

———

* Sur M. de Champ..... l'aîné, homme très-mystérieux : il n'entre

point dans un appartement, il s'y glisse, il longe le dos des fauteuils, et va s'établir dans l'angle d'un appartement; et quand on lui demande: comment il se porte : — taisez-vous donc ; est-ce qu'on dit ces choses-là tout haut ?

---

* Il disait de M. de la R.... : s'il était aussi aimable qu'il est fin, il gouvernerait le monde.

---

*Cérutti a fait des phrases luisantes sur nos grands hommes de l'année dernière. C'est le limaçon de la littérature; il laisse partout une trace argentée, mais ce n'est que de l'écume. M. Necker l'a fait prier de ne pas passer sur lui.

Il disait sur Brigand-Baumier, qui avait écrit contre lui : il m'a donné un coup de pied de la main dont il écrit.

---

* M. de Tilly disait à Rivarol que l'abbé Raynal était un âne par la ceinture. — Tu te trompes, lui répondit Rivarol, c'est bien un âne de pied en cap.

---

* Le crédit est la seule aumône qu'on puisse faire à un grand état.

---

* L'abbé Giraud s'était fait dénigreur de son métier, et il avait coutume de dire sur tous les livres qu'il lisait : c'est *absurde* ! Rivarol

prétendait qu'il allait laissant tomber sa *signature* partout.

———

* L'archevêque de V.*** ayant embrassé dans l'assemblée constituante les principes philosophiques qu'il avait vivement combattus toute sa vie, Rivarol dit qu'il s'était fait l'exécuteur testamentaire de ses ennemis.

———

* Lorsqu'il apprit que l'archevêque de Toulouse s'était empoisonné, il dit : c'est qu'il aura avalé une de ses *maximes*.

———

* Il disait du duc d'Orléans : ce prince que tous ses vices n'ont pu conduire à son crime.

* Il disait encore de ce prince, dont le visage était très-bourgeonné, que la débauche l'avait dispensé de rougir.

* Il ajoutait, en parlant de tous ses amis qui l'avaient abandonné successivement : sa trahison n'a trouvé que des traîtres.

———

* Il disait, en parlant des machines anglaises : ce sont des espèces de géants qui, avec cent bras, n'ont qu'un estomac.

———

* Son frère vint lui annoncer un jour qu'il avait lu sa tragédie devant M.*** : — hélas ! je vous avais dit, que c'était un de nos amis.

———

* Je ne connais guère en Europe

que Madame de Staël qui puisse tromper sur son sexe.

---

* Sur Rhulières : il reçoit le venin comme les crapauds, et le rend comme les vipères.

Il appelait le rédacteur du *Journal de Paris* en 1790, le confiseur de l'assemblée constituante.

Il disait encore du même, au sujet des abonnés de son journal : il a regagné en allées ce qu'il a perdu en portes cochères.

---

* Que pensez-vous de mon fils, demandait un jour Buffon à Rivarol ? il y a une si grande distance de

vous à lui, répondit-il, que l'univers entier passerait entre vous deux.

———

L'estomac est le sol où germe la pensée.

———

Il disait de M.*** : il a fait une chansonnette qui a toute la profondeur dont on peut s'aviser dans ce genre.

———

Dans les mains de M. Cailleau Apollon devient un Abailard.

———

Voltaire disait toujours : l'abbé Suard et M. Arnaud, et on avait beau lui représenter qu'il fallait dire M. Suard et l'abbé Arnaud, le vieillard s'obstinait, et ne voulait pas changer les étiquettes, ni déranger pour eux une case de son cerveau.

Les Parisiens tiennent à la prise de la Bastille, comme autrefois les Français au fameux passage du Rhin, qui ne coûta de la peine qu'à Boileau.

Le peuple est un souverain qui ne demande qu'à manger : sa majesté est tranquille, quand elle digère.

---

* Il disait à M. de C..... : quand vous aurez été deux mois ici (*à Hambourg*), vous en saurez autant que moi ; nous mettrons votre esprit en serre chaude.

La noblesse est, aux yeux du peuple, une espèce de religion dont les gentilshommes sont les prêtres; et parmi les bourgeois il y a bien plus d'impies que d'incrédules.

Il n'est point de mot que M. Target ne puisse décrier, quand il voudra. Cet orateur s'est rendu maître de leur réputation, et il les proscrit par l'usage.

---

* Il disait d'un écrit de Florian : il y a la moitié de l'ouvrage en blanc, et c'est ce qu'il y a de mieux.

Il disait de l'épitre en vers de

M. Castera à M.*** : c'est une grande marque de confiance que M. Castera lui a donnée là ; car cette épitre contient le secret de son talent.

---

* Il ne faut pas trop compter sur la sagacité de ses lecteurs ; il faut s'expliquer quelquefois.

---

* Il écrivait à M. de Tilly : nous pourrions faire ici commerce d'anecdotes et d'esprit, les Hambourgeois n'y trouveraient rien à redire.

Il n'est rien de si absent que la présence d'esprit.

* Il disait de M. de *** : c'est un homme qu'on fuit dans les tems calmes, et qui fuit dans les tems d'orages.

---

* Quelqu'un disait à Rivarol : connaissez-vous la Messiade de Klopstock? — C'est, répondit-il, le poème où il y a le plus de tonnerres.

---

* Il disait d'un madrigal et d'une épigramme également innocens : il y a un peu trop de madrigal dans son épigramme, et un peu trop d'épigramme dans son madrigal.

---

* Il disait à un de ses amis presque aussi malin que lui : pour peu que cela dure, avec nous il n'y aura plus un mot innocent dans la langue.

---

* Il disait de Beauzée : c'est un bien honnête homme, qui a passé sa vie entre le supin et le gérondif.

---

* A prince dévot confesseur homme d'état.

Il disait plaisamment : j'ai traduit l'*Enfer* du Dante, parce que j'y retrouvais mes ancêtres.

---

* Il disait de M.*** : ses épigrammes font honneur à son cœur.

---

* M. de Maurepas, ayant desiré

connaître Rivarol, se le fit présenter. Ce dernier soutint dignement la réputation qui l'avait devancé chez le vieux ministre. M. de Maurepas, dans un moment d'enthousiasme, dit: c'est honteux qu'un homme de votre mérite soit ainsi oublié; on ne donne plus rien qu'aux oisifs. — *Monsieur*, repliqua Rivarol, *de grâce ne vous fâchez pas; je vais à l'instant me faire inscrire sur la liste: dans peu, je serai un personnage.*

***

* G.*** a des phrases d'une longueur désespérante pour les asthmatiques.

***

Il faut dépouiller le vieil homme en poésie.

* Les journalistes qui écrivent pesamment sur les poésies légères de Voltaire, sont comme les commis de nos douanes qui impriment leurs plombs sur les gazes légères d'Italie.

---

* Un livre qu'on soutient est un livre qui tombe.

---

* Le malheur s'attache à tout, et rien ne paraît méprisable à l'espérance. (Il *appliquait ceci* à la nomination de M. Necker au ministère).

Voyez, lorsqu'il tonne, le superstitieux et le savant : l'un oppose des reliques, l'autre un conducteur à la foudre.

―――

* Quelqu'un lui disait de l'abbé Giraud, qui avait fait une comédie intitulée : *le Bourgeois révolutionnaire* : il trouve sa pièce gaie. — Je le crois bien, c'est l'homme le plus triste de son siècle !

―――

Sur Boisjolin : il a pris *l'Art poétique* d'une main, et *les Jardins* de M. Delille de l'autre ; après les avoir balancés quelque tems, il a mis tout-à-coup les *Jardins* dessus et *l'Art poétique* dessous, aux grandes acclamations des gens de goût : il n'y a que M. Delille qui ait paru scandalisé.

* Un nommé Duhamel, homme très-obscur, se plaignait à Rivarol d'avoir été cité dans le *Petit Almanach de nos grands hommes.* — Voilà, répondit-il, les inconvéniens de la célébrité.

---

* Rivarol avait emprunté à M. de Ségur le jeune une bague où étoit la tête de César. Quelques jours après, M. de Ségur la lui redemanda. Rivarol lui répondit : *César ne se rend pas.*

---

* Rivarol se plaisait à raconter que deux évêques très-âgés se promenaient ensemble au parc de Bruxelles, en 1792, tous les deux appuyés sur leurs cannes à pomme d'or et à bec à corbin. L'un d'eux, après un long silence, dit à l'autre : monseigneur, croyez-vous que nous soyons cet hiver à Paris ? L'autre reprit d'un ton fort grave : monseigneur, je n'y vois pas d'inconvéniens.

Rivarol trouvait cette niaiserie fort gaie.

———

* Il disait de La F*** : à force de sottises, il vint à bout de ses amis, et sa nullité triompha de sa fortune.

———

* Un jour je m'avisai de médire de l'amour, il m'envoya l'hymen pour se venger. Depuis je n'ai vécu que de regrets.

———

* La littérature a ses ménechmes,

surtout quand il y a identité de genre.

———

Il disait, en parlant de quelques orateurs de l'assemblée constituante, fort inconnus avant leurs motions: ce sont des champignons politiques et littéraires, nés tout-à-coup dans les serres chaudes de la philantropie moderne.

———

Le Français cherche le côté plaisant de ce monde, l'Anglais semble toujours assister à un drame. De sorte que ce qu'on a dit du Spartiate et de l'Athénien, se prend ici à la lettre. On ne gagne pas plus à ennuyer un Français qu'à divertir un Anglais.

Quand un écrivain se couronne de pavots, c'est en vain que les lycées lui jettent des lauriers.

Notaris avait commencé à traduire Virgile, et l'avait pris du côté des églogues ; mais tous les collèges considérant qu'une si belle traduction pouvait remplacer l'original et faire oublier le texte, ont prié unanimement M. Notaris de se modérer, et de se borner au talent du traducteur des Géorgiques. On aime les traductions qui permettent de relire le texte. Nous doutons fort que M. Notaris se rende aux vœux des collèges : le talent est inexorable.

Préface du petit almanach des grands hommes.

Il y a parmi les gens du monde, certaines personnes qui doivent tout le bonheur de leur vie à la réputation de gens d'esprit, et toute leur réputation à leur paresse; toujours spectateurs et jamais acteurs, lisant sans cesse et n'écrivant jamais, censeurs de tout et dispensés de rien produire, ils deviennent des juges très-redoutables; mais ils manquent un peu de générosité. C'est sans doute un terrible avantage que de n'avoir rien fait, mais il ne faut pas en abuser.

J'écoutais l'autre jour la conversation de trois ou quatre de ces personnes, qui, lasses de parler du siècle de Louis XIV et du siècle présent, de tenir la balance entre Corneille et Racine, entre Rousseau et Montesquieu, descendirent tout-à-coup de ces hauteurs, et pénétrèrent dans les plus petits recoins de la république des lettres. On s'échauffa, et les auteurs dont on parlait devenant toujours plus imperceptibles, on finit par faire des paris. « Je gage, dit l'un, que je » pourrai vous citer tel ouvrage, » et tel écrivain, dont vous n'avez » jamais ouï parler. »—Je vous le » rendrai bien, répondit l'autre; » et en effet, ces messieurs se mettant à disputer de petitesse et d'obscurité, on vit paraître sur la scène une armée de Lilliputiens. « *Mérard de Saint-Just, Lourdet de Santerre, Laus de Boissy*, criait l'un: *Joly de Saint-Just, Joly de Blancy, Regnault de Beaucaron*, criait l'autre; » *Ginguené* par-ci, *Moutonnet* par-là, *Briquet, Braquet, Maribarou, Mony-Quitaine*, et puis c'était *Grouvelle*, et puis *Berquin*, et puis *Panis*, et puis *Fallet*; et, comme on s'irritait, on en vint à *Fricot, Pistolet, Mitraille, Catalu-Couture*: c'était une rage, un torrent; tout le monde était partagé; car ces messieurs paraissaient avoir une artillerie bien montée, et soit en opposant, soit en accouplant les petits auteurs, ils les balançaient assez bien, et ne se jetaient guère à la tête que des boulets d'un calibre égal: de sorte que de citations en citations, tant d'auteurs exigus auraient fini

par échapper aux prises de l'auditeur le plus attentif, si l'assemblée n'avait mieux aimé croire que ces messieurs plaisantaient, et n'alléguaient que des noms sans réalité. Mais les deux antagonistes, choqués de cette opinion, se rallièrent et se mirent à parier contre l'assemblée. « Oui, messieurs, je vous
» soutiens qu'il existe un écrivain,
» nommé M. *Levrier de Champrion*;
» un autre qui s'appelle *Delormel*
» *de la Rotière*; un autre *Gabiot*
» *de Salins*; un autre *le Bastier*
» *de Douincourt*; un autre *Doigny*
» *du Ponceau*; un autre *Philipon*
» *de la Madelaine*; et, si vous me
» poussez, je vous citerai M. *Grou-*
» *bert de Groubental*, M. *Fenouil-*
» *lot de Falbaire de Quingey*, et
» M. *Thomas Minau de la Mistrin-*

» *gue.* » A ces mots, on éclata de rire ; mais le discoureur tira de sa poche trois opuscules, l'un sur la finance, l'autre sur l'impôt, et l'autre sur le drame, qui prouvaient bien que MM. Groubert de Groubental, Fenouillot de Falbaire de Quingey, et Thomas Minau de la Mistringue, n'étaient pas des êtres de raison.

Pour moi, auditeur bénévole, frappé de la nomenclature de tant d'écrivains inconnus, je ne pus me défendre d'une réflexion que je communiquai à mes voisins, et qui, gagnant de proche en proche, fit bientôt changer l'état de la question. N'est-ce pas, leur disais-je, une chose bien étrange et bien humiliante pour l'espèce humaine, que cette manie des historiens, de ne citer qu'une douzaine, tout au plus, de grands écrivains, dans les siècles les plus brillans, tels que ceux d'Alexandre, d'Auguste, des Médicis, ou de Louis XIV ? N'est-ce pas donner à la nature je ne sais quel air d'avarice ou d'indigence ? Le peuple qui n'entend nommer que cinq ou six grands hommes par siècle, est tenté de croire que la providence n'est qu'une marâtre ; tandis que si on proclamait le nom de tout ce qui écrit, on ne verrait plus dans elle qu'une mère inépuisable et tendre, toujours quitte envers nous, soit par la qualité, soit par la quantité ; et, si j'écrivais l'Histoire naturelle, croyez-vous que je ne citerais que les éléphans, les rhinocéros et les baleines ? Non, messieurs, je descendrais avec plaisir de ces colosses imposans, aux plus petits animalcules; et vous sentiriez s'accroître et s'attendrir votre admiration pour la nature, quand j'arriverais avec vous, à cette foule innombrable de familles, de tribus, de nations, de républiques et d'empires, cachés sous un brin d'herbe.

C'est donc faute d'avoir fait une si heureuse observation, que l'Histoire de l'esprit humain n'offre dans sa mesquine perspective, que d'arides déserts, où s'élèvent à de grandes distances quelques bustes outragés par le tems et consacrés par l'envie, qui les oppose sans cesse aux grands hommes naissans, et les représente toujours isolés; comme si la nature n'avait pas fait croître autour d'Euripide, de Sophocle et d'Homère, princes de la tragédie et de l'épopée, une foule de petits poètes, qui vivaient frugalement de la charade et du madrigal; ainsi qu'elle fait monter la mousse et le lierre autour des chênes et des ormeaux; ou, comme dans l'Écriture Sainte, on voit après les grands prophètes briller à leur tour les petits prophètes ! Ne doit-on pas frémir, quand on songe que sans une légère attention de la part de Virgile et d'Horace, Bavius et Mœvius seraient inconnus; et que sans Molière et Boileau, on ignorerait l'existence de Cotin, de Perrin, de Linière et de quelques autres ? Enfin, que ne dirai-je pas des soins que s'est donné l'infatigable Voltaire pour déterrer et pour classer dans ses œuvres ses plus petits contemporains.

Il est tems de corriger une telle injustice; et pour n'être plus exposé à des pertes si douloureuses, je pense qu'il faudrait par un répertoire exact de tous les hommes qui pullulent dans notre littérature, depuis l'énigme jusqu'à l'acrostiche, depuis la charade jusqu'au quatrain, et du distique jusqu'au bouquet d'Iris, justifier la nature, et disputant tant de noms à l'oubli, montrer à la fois nos trésors et sa magnificence.

L'assemblée goûta cet honnête projet; et nous résolûmes d'élever à frais communs, un monument à l'honneur de tous les écrivains inconnus, c'est-à-dire, de ceux qui ne sont jamais sortis de nos petits recueils. On convint de donner à ce monument le nom de *Petit*

Almanach de nos grands hommes, afin de les venger, par cette épithète, de la manie de ceux qui ne jugent d'un homme que sur l'importance de ses ouvrages ; car j'avoue en mon particulier que j'estime autant celui qui n'a fait en sa vie qu'un bilboquet d'ivoire, que Phidias élevant son Jupiter Olympien, ou Pigal sculptant le Maréchal de Saxe. *In tenui labor.*

Cet Almanach paraîtra chaque année ; et afin que la Nation puisse juger de notre exactitude, le Rédacteur, armé d'un microscope, parcourra les recueils les moins connus, les musées les plus cachés, et les sociétés les plus obscures de Paris : nous nous flattons que rien ne lui échappera. On invite tout homme qui aura laissé tomber son nom au bas du moindre couplet, soit dans les journaux de Paris, soit dans les affiches de province, à nous envoyer des renseignemens certains sur sa personne ; nous recevrons tout avec reconnaissance; et, selon notre plan, les articles les plus longs seront consacrés à ceux qui auront le moins écrit. Un vers, un seul hémistiche suffira, pourvu qu'il soit signé ; un compliment, un placet, un mot, seront de grands titres à nos yeux. C'est ainsi que M. d'Aquin de Château-Lyon est parvenu à faire de ses étrennes d'Apollon, l'ouvrage le plus important qui existe. Mais nous nous flattons de le surpasser bientôt et de faire pour lui ce que sa modestie ne lui a pas permis, et ce que vraisemblablement il ne pourra nous rendre, en lui donnant une place très-honorable dans notre Almanach. Au reste, les vétérans de la petite littérature, tels que MM. *le Chevalier de Cubières de Palmezeaux, Caron de Beaumarchais, Blin de Saint-Maure,* d'*Arnaud de Baculard*, etc., nous pardonneront s'ils ne se trouvent, pour ainsi dire, traités qu'en passant dans notre Almanach, et si de jeunes inconnus obtiennent de nous des préférences marquées. Ce n'est pas que nous ayons prétendu manquer à ce que nous devons aux premiers, en affichant notre prédilection pour les autres ; mais nous avons cru qu'il était bien juste d'encourager les jeunes gens plongés dans les eaux de l'oubli, d'où les autres se sont un peu dégagés, non par leurs œuvres, mais par leur âge : car on sait qu'à force de signer périodiquement son nom de journal en journal, et d'envoyer au mercure des certificats de vie, on finit par dompter le public ; mais on perd des droits à notre Almanach.

Les gens de lettres qui auront été oubliés, pourront se faire inscrire à notre petit bureau, qui sera ouvert à toute heure, au Palais-Royal. On n'exigera qu'un sou par tête, afin qu'on ne nous accuse pas d'avoir estimé les objets au-dessus de leur valeur.

Epilogue du petit almanach.

En finissant, qu'il nous soit permis de jeter un coup d'œil de complaisance sur cet immense tableau formé sous nos yeux ; sur ces glorieuses archives de la renommée rédigées par nos mains ; sur cette éclatante liste de grands hommes qui nous devront l'immortalité qu'ils dispensent à tant d'autres. O France ! ô ma patrie ! voilà donc ta solide gloire, et tes véritables richesses ! voilà les auteurs de toutes les nouveautés dont tu es idolâtre ; de ces brillantes nouveautés qui te tiennent en haleine d'un bout de la vie à l'autre, qui te dispensent de lire les ouvrages des anciens, du siècle de Louis XIV, et de tes rivaux, et te délivrent de trois choses également onéreuses ; de ton tems, de ton argent et de tes idées. Oui, ce sont là les enfans dont tu peux t'honorer ; c'est par ces côtés brillans que tu peux te montrer à l'Europe. N'es-tu pas en effet la première puissance littéraire ? Que l'Angleterre, l'Italie, l'Espagne et l'Empire réunissent leurs grands hommes vivans : pourront-ils soutenir la comparaison ? Et ne sécheront-ils pas de dépit et d'envie, quand ils verront que ce n'est pas en compulsant des siècles et des bibliothèques, mais dans une seule génération et parmi quelques brochures, que nous avons trouvé toute cette florissante jeunesse ? Car il faut, ô Français ! que je vous apprenne enfin le secret de vos ennemis, et le vôtre : ce n'est point Voltaire, Montesquieu, Buffon ou Rousseau qui en imposent à vos perfides voisins ; ce n'est pas sur cinq ou six écrivains qu'ils vous jugent ; c'est sur la foule toujours immortelle et toujours renaissante de vos jeunes grands hommes ; ce sont les piqûres multipliées des journaux et des almanachs, qui font souffrir mille morts aux Anglais et aux Allemands. Ils ont fort bien enduré l'*Esprit des lois*, *Émile*, *la Pucelle* et vos théâtres ; mais ils ne soutiennent pas l'effort de vos charades et de vos fugitives. Et cet Almanach que nous avons enfin terminé, ne va-t-il pas semer l'épouvante dans toute l'Europe ? Quand nous n'aurions fait qu'un acte de patriotisme, notre gloire ne serait pas médiocre. Mais ce qui va nous combler de joie, c'est qu'en nous rendant si respectables aux yeux de l'Europe, ce livre doit nécessairement réveiller l'émulation d'une foule innombrable de jeunes gens, qui, formés très-évidemment pour la pièce fugitive, créés et mis au monde pour faire des énigmes, se jettent dans les lois, dans les armes, dans le commerce, dans tous les arts et métiers : perte immense et douloureuse, que nous ne saurions assez déplorer !

Nous espérons qu'animés par la plus flatteuse de toutes les récompenses, et préférant l'immortalité dont ils sont assurés avec nous, au vil plaisir de passer une vie éphémère dans les embarras de la fortune, ils se hâteront de nous envoyer leurs petites pièces et leurs bouts-rimés, suivis de leurs noms, doubles et triples, du lieu de leur naissance, et même de leur âge, afin que notre Almanach soit toujours plus brillant et plus riche tous les ans.

Un dernier et puissant motif d'émulation pour la jeunesse, c'est que leurs ouvrages, sous le nom de nouveautés, passent en foule dans les îles, et y forment les livres classiques des Créoles : si bien qu'un habitant de Saint-Domingue, en arrivant à Paris, ne demande point aux barrières Fontenelle ou Buffon, dont il n'a jamais ouï parler ; mais il demande M. Mayer ou M. De

Cubières, dont les romans et les vers l'ont tant de fois charmé. N'est-il pas agréable de régner ainsi sur la plus vaste moitié de la terre, sur une nation vierge encore, et qui n'en veut qu'à la belle nature? Notre Almanach va remonter l'Europe à la hauteur américaine, et lui faire secouer à jamais le joug des anciens modèles, et de tous les préjugés de la vieille littérature.

Si, par malheur, (ce qu'à Dieu ne plaise) quelques lecteurs mal intentionnés, et ne se croyant qu'habiles, allaient soupçonner que nous ne sommes pas de bonne foi, et que nos éloges sont des blâmes, nos conseils des perfidies, et notre gravité un jeu; que nous resterait-il à faire, que de nous renfermer dans notre innocence, et de pleurer sur cette perversité du cœur humain qui empoisonne les meilleures choses ? M. d'Aquin de Chateau-Lyon a-t-il jamais été suspecté dans les nombreuses promotions de grands hommes qu'il fait chaque année ? Le Mercure ne met-il pas au jour cinq ou six grands hommes par semaine, sans la moindre réclamation et le plus léger scandale ? Et si M. Panckouke et M. d'Aquin, au lit de mort et à l'heure de vérité, s'avisaient tout-à-coup de dire qu'ils n'ont fait que plaisanter pendant cinquante ans, faudrait-il les en croire sur leur parole ? Pour nous, loin de souffrir qu'un petit codicile nous ravît tout-à-coup vingt ou trente mille hommes, et déshonorât la nation, nous opposerions la vie entière de ces deux rédacteurs à leur dernier quart-d'heure, et nous croirions qu'ils ont perdu l'esprit avant de rendre l'ame.

Mais la pureté de nos vues nous rassure, et nous nous en rapportons à ce que nous avons dit plus apertement dans la préface de ce livre, qui est tout d'une pièce d'un bout à l'autre, et dont le but moral ne peut échapper à personne.

Les aveux ou l'arche de Noé.

Nous *avouons* que si l'autre jour nous conçûmes le magnanime projet de louer toute la littérature inconnue et (ce qui est sans exemple) de distribuer à un millier de grands hommes des encouragemens et des prix annuels, avec une magnificence et un luxe vraiment ruineux ; c'est qu'il nous avait paru que *l'oubli*, comme un second déluge, gagnant de jour en jour la surface du globe littéraire, le tems de reconstruire l'Arche était à la fin venu ; et nous y fimes entrer tous les animaux portant plumes, tant les mondes que les immondes ; à l'exception de quelques aigles qui se sauvèrent d'eux-mêmes sur la cîme des monts.

Nous *avouons* que satisfaits de braver en paix l'inondation, nous ne cherchions pas à nous enivrer, au sortir de l'Arche, des acclamations de toute cette harmonieuse famille; et, que nous ne comptions, en bienfaiteurs éclairés, que sur le paisible silence de l'ingratitude.

Quelle a donc été notre surprise, quand M. le Brigand-Beaumier ou Beaumier-le-Brigand (1), député par

---

(1) Quelques savans prétendent que M. le Brigand est un, et M. Beaumier un autre; il ne faut pas perdre un grand homme pour obtenir une alliance de mots.

l'éloquence et la poésie, a tout-à-coup ouvert les fenêtres de l'Arche, et ayant été se percher en forme de corbeau sur un très-beau chardon, a pris la parole, comme il prendrait la fuite, c'est-à-dire, avec beaucoup de véhémence, pour nous admonêter au nom de toutes les espèces !

L'orateur a divisé sa colère en deux points.

Il a d'abord été indigné que nous eussions porté la main sur le gouvernail de l'Arche, sans lui avoir prouvé que nous fussions d'assez bonne maison pour un si éminent emploi. M. le Brigand-Beaumier nous a démontré que tout n'en irait que mieux, si, au lieu de chercher du style et des idées dans un écrivain, on y cherchait des titres ; et sa logique a conclu que dorénavant on parlerait de naissance dans les musées et de littérature dans les chapitres.

Nous *avouons* que cette méthode a du bon, quand on a, comme M. le Brigand-Beaumier, autant de naissance que de talens ; mais ce moyen était funeste à Voltaire, à qui on disait à chaque ouvrage qu'il mettait au jour, qu'il était *fils d'un paysan* ; ainsi qu'il le confesse dans *les Mémoires pour servir à sa vie*.

L'orateur s'est encore indigné de ce que nous restions sous le voile de l'anonyme, dans le tems même où nous nous donnions pour les

Don Quichottes et les sauveurs de la petite littérature: il n'appartient qu'à la nature d'être à la fois magnifique et muette; l'anonyme se sent trop de la majesté de l'orgueil. C'est donc pour nous deviner, que l'auteur exercé aux logogriphes, a trouvé que nous étions des *vignerons*, comme le vieux Noé; ou tout au moins des *laboureurs*, puisque nous défrichions les landes de la république des lettres; ou enfin des *cuisiniers faisant nopces et festins*, puisque nous avions si bien varié les services, en dressant le grand couvert de l'Arche.

Nous *avouons* que tout cela est également ingénieux et vrai.

Ensuite M. Beaumier nous a accusés d'avoir expressément oublié tous les poètes d'une grande naissance dans notre liste; cette accusation et quelques autres de cette espèce, nous feraient croire que l'orateur n'a pu se procurer le *Petit Almanach*, lequel en effet a été jusqu'ici assez cher.

Nous *avouons* que cette cherté ne vient pas de nous; c'est une idée ingénieuse du libraire, qui n'a trouvé que ce moyen pour dérober la connaissance du livre aux petits amour-propres qui pouvaient s'en irriter.

L'orateur nous a su gré d'une parodie du *songe d'Athalie* et surtout de l'avoir dédiée à M. le Marquis D.***, après sa disgrace.

Nous *avouons* que si nous étions les auteurs de cette parodie, nous prouverions aisément qu'elle lui fut par bonheur dédiée huit jours avant sa retraite ; et que les auteurs, quels qu'ils soient, ont la lâcheté de ne plus lui rien dédier, depuis qu'il a perdu ses places.

L'orateur nous a avoué que le *Discours sur la langue* n'était pas français *pour lui*; que le *Petit Almanach* était mal écrit *pour lui*.

Nous lui *avouons* à notre tour que nous ne connaissons pas de louange plus délicate, et que nous osions à peine y prétendre.

L'orateur furieux nous a donné

un coup de pied avec la main dont il écrit : il nous a même rappelé tous ceux qu'il nous donne familièrement chaque fois qu'il nous rencontre aux Tuileries.

Nous *avouons* qu'il n'y a rien de si aisé que de nous donner des coups de pied, et nous les recevrons toujours avec reconnaissance.

Enfin, l'orateur s'appercevant qu'un pamphlet, quand il est ingénieux, est une friandise pour nous, a caché son venin dans la bêtise.

Nous *avouons* que nous ne serons jamais à l'épreuve de cette arme-là, et nous demandons grace à l'orateur. S'il nous poursuit encore, nous

nous plastonerons avec ses œuvres qui sont au garde-meuble de la librairie.

SUPPLÉMENT

AUX BONS MOTS DE RIVAROL.

Quand Rivarol fut présenté à Voltaire, ils eurent une conversation sur les mathématiques, et entre autres sur l'algèbre. Voltaire lui dit avec le poids et l'ironie de son âge : eh bien, qu'est-ce que c'est que cette algèbre où l'on marche toujours un bandeau sur les yeux. Oui, reprit Rivarol avec toute la vivacité d'une jeune imagination : il en est des opérations de l'algèbre comme du travail de vos dentelières qui, en promenant leurs fils au travers d'un labyrinthe d'épingles, arrivent, sans le savoir, à former un magnifique tissu.

———

Quelqu'un venait de lire à Rivarol un parallèle entre Corneille et Racine fort long et fort ennuyeux. Rivarol lui dit : votre parallèle est fort bien, mais il est un peu long, et je le réduirais à ceci : l'un s'appelait Pierre Corneille, et l'autre s'appelait Jean Racine.

———

La fable *du rat de ville et du rat des champs*, la plus faible de toutes celles de La Fontaine, est, disait-il, la plus haute politesse que les modernes aient faite à l'antiquité.

———

Il disait de Champcenetz : il se

bat pour les chansons qu'il n'a pas faites, et même pour celles que ses ennemis lui accordent.

———

Il disait de M.M.*** : son *Amant bourru* est un des joyaux du théâtre français ; ses *Amours de Bayard* se sont emparé d'un public encore tout chaud du *Mariage de Figaro*, et en ont obtenu les mêmes transports. C'est le théâtre des Variétés qui a donné l'idée de ces énormes succès. MM. M.*** et Beaumarchais doivent bien entre eux se moquer de Molière, qui, avec tous ses efforts, n'a jamais passé les quinze représentations ! Se moquer de Molière est bon ; mais en avoir pitié serait meilleur.

Les charades de M. de Fulvy sont un peu trop épiques : on desirerait qu'il les maintînt à la hauteur de ses autres poésies.

Il disait de Beaumarchais : son nom a toute la vogue d'un pont-neuf.

Il disait de Grouvelle : ayant conspiré avec environ trois cents jeunes poètes, à la gloire du prince Léopold de Brunswick, il fit une ode que nous méditons encore. Son caractère est aussi remarquable que son talent. Le jour où l'on donna pour la dernière fois la première représentation de sa pièce (*l'Épreuve dé-*

licate), M. Grouvelle montra une gaieté qui charma ses amis, et dit des bons mots que ses ennemis retinrent.

———

La nuit du six octobre, nuit à laquelle il est plus aisé de donner des larmes qu'une épithète.

———

Il disait d'un article de l'Encyclopédie sur l'*Évidence* par Turgot, article fort obscur : c'est un nuage chargé d'écrire sur le soleil.

———

L'abbé Delille, après son raccommodement à Hambourg, avec Rivarol, lui dit de ces choses aimables qui lui sont naturelles, et termina par ce vers :

« Je t'aime, je l'avoue, et je ne te crains pas. »

Un Allemand, présent à cette conversation, s'écria : *pour moi, je retourne le vers :*

« Je te crains, je l'avoue, et je ne t'aime pas. »

Rivarol rit aux éclats de cette remarque naïve.

———

A l'époque de l'affaire des parlemens en 1788, le duc d'Orléans fut exilé à Villers-Cotterets. Ce prince parut acquérir alors une espèce de popularité, et se relever dans l'estime publique, sur quoi Rivarol dit : ce prince contre les lois de la perspective, paraît s'agrandir en s'éloignant.

Quelqu'un lui parlait d'un littérateur ignorant. — Ne me parlez pas de cet homme-là ; il ne sait ni lire ni écrire.

———

Un sot se vantait devant lui de savoir quatre langues. — Je vous en félicite, dit Rivarol, vous avez quatre mots contre une idée.

———

Un jour Rivarol après avoir discuté très-vivement sur la politique avec M. de B...., son secrétaire, celui-ci lui dit : je suis bien aise, M. de Rivarol, que vous vous rapprochiez enfin de mes idées. — Et moi, je suis charmé de voir que vous vous rapprochiez enfin de mon genre.

Rivarol disait d'une épigramme très-fine : c'est une épigramme détournée, on ne l'entendra pas.

Dans un souper avec des Hambourgeois, où Rivarol prodiguait les saillies, il les voyait tous chercher à comprendre un trait spirituel qui venait de lui échapper. Il se retourna vers un Français qui était à côté de lui, et lui dit : voyez-vous ces Allemands ! ils se cottisent pour entendre un bon mot.

Rivarol avait été invité à déjeuner chez Madame de Vaudemont. On s'attendait qu'il ferait beaucoup de frais d'esprit, il ne dit pas mot.

Enfin, harcelé par ses voisins, il dit une grosse bêtise. On se récria. Alors Rivarol reprit : je ne peux pas dire une bêtise que l'on ne crie au voleur.

Peu de tems avant sa mort, Rivarol disait : d'après la disposition où sont les esprits partout, si j'étais appelé à donner un conseil à ceux qui sont sur le trône, je leur dirais : apprenez bien vîte à régner, ou craignez le sort de Denys de Syracuse.

Il disait de lui-même, lorsqu'il fut forcé par son libraire d'écrire sur la grammaire : je ressemble à un amant obligé de disséquer sa maîtresse.

L.*** disait de l'esprit de Rivarol : c'est un feu d'artifice tiré sur l'eau.

Il disait en parlant de L.*** : ses idées ressemblent à des carreaux de vitre entassés dans le panier d'un vitrier : claires une à une et obscures toutes ensemble.

Je veux bien, disait-il à une dame, vieillir en vous aimant, mais non mourir sans vous le dire.

Une femme, après avoir entendu son morceau sur l'Amitié, lui demanda pourquoi il n'avait pas peint les femmes aussi susceptibles d'amitié que les hommes. *C'est*, dit-il, *qu'étant la* perfection de la nature, comme l'amour est la perfection de l'amitié, vous ne pouvez éprouver d'autre sentiment que celui qui vous est analogue.

———

Voltaire disait de Rivarol : c'est le Français par excellence.

———

Il disait d'une fille de L.*** et de Mademoiselle Durancy : elle est née de la folie sans esprit, et de la bêtise sans bonté.

———

Il disait de M. Le Tonnelier de Breteuil, ambassadeur de France à Vienne : il aurait dû raccommoder les cercles de l'empire.

———

Sur une femme qui perdait ses

amans : elle s'agrandit, sans garder ses conquêtes.

———————

La métaphysique de l'école est comme la Philaminthe de Molière, elle traite le corps de guenille.

———————

Dans une société de Berlin, où Rivarol avait parlé toute la soirée avec une dame à voix basse, elle lui reprochait l'inconvenance de ce procédé. Voulez-vous donc, répondit-il, que je m'*extravase* pour ces gens-là ?

POÉSIES.

ÉPITRE AU ROI DE PRUSSE.

Tu croyais donc, grand Roi, que ton puissant suffrage (1)
Serait de mes beaux jours le fortuné présage,
Et qu'on verrait l'envie interdite à ta voix,
Ainsi que la victoire obéir à tes loix ?
Mais chez nos beaux esprits ta faveur même est vaine.
Voltaire eut à la fois ton amour et leur haine.
Ils sentaient que le ciel, trop avare pour eux,
N'avait donné qu'à lui ces transports et ces feux;
Et cette soif d'un cœur à la gloire fidelle,
Qui le fit soixante ans haleter après elle.
Aussi tes yeux l'ont vu frapper à coups pressés,
Tous ses rivaux obscurs, de sa gloire offensés,

---

(1) Sa M. P. ayant honoré l'auteur du Discours sur l'universalité de la langue française de plusieurs lettres très-flatteuses, elle ordonna qu'il fût reçu de l'académie des sciences et belles-lettres de Berlin.

Et souvent par le sel d'une heureuse satire,
Au sein de leur douleur les forcer de sourire.
Il fatigua lui seul, par ses nombreux travaux,
Les serpens du Parnasse et l'hydre des journaux;
D'un siècle de succès désespéra l'envie;
Et l'écrasant du poids d'une si belle vie,
Finit par un triomphe, et mourut couronné.

Pour moi, de la nature enfant abandonné,
Qui n'ai point des beaux arts la fièvre enchanteresse;
Moi, qui toujours bercé des mains de la paresse,
Et par la volupté de bonne heure amolli,
Ne dois faire qu'un pas de la mort à l'oubli,
Pourquoi suis-je engagé dans ces nobles querelles,
Des amans de la gloire épreuves éternelles?
Dans un coin du Parnasse avec peine affermi,
Ai-je, par mes succès, affligé quelqu'ami,
Me fera-t-on payer la vogue inespérée
D'un discours innocent, qui des bords de la Sprée,
Aux rives de Léthé fût bientôt descendu,
Si ton auguste appui ne l'avait défendu?

Cependant, le bruit court que ta main le couronne;
Soudain frère Lourdis autrement en ordonne;
Sur ses feuilles de plomb il trace mon arrêt;
Pour cinq ou six lecteurs je suis mort en effet!
Mais, qu'importe? aux Lourdis il est beau de déplaire
Des Zoïles du tems méritons la colère.
Telle est la loi du goût! Si Lourdis ne le hait,
Le succès d'un bon livre est encore imparfait.

Parlez mieux, dira-t-on, du chef de nos critiques;
Lui seul dans les journaux, fait des extraits classiques;
Ses écrits que l'on trouve obscurs, diffus et froids,
Sont d'un homme qui pense et qui parle avec poids,
Nous n'avons pas pour vous des sentimens de haine;
Mais nous pleurons des arts la ruine prochaine;
Et puisse quelquefois notre utile rigueur,
Au bon goût qui se perd, ramener un auteur !

Ah ! je vous reconnais, mes généreux confrères,
Vous pleurez un succès, vos larmes sont sincères,
Mais je pourrais encore aigrir vos déplaisirs,
Et de votre douleur égayant mes loisirs,
Exciter ma paresse à servir ma vengeance.
Dieu qui défend l'attaque, a permis la défense.
Il permet qu'à l'Eglise, au Théâtre, au Barreau,
Une utile discorde allume son flambeau :
Le talent dormirait sans un peu de colère...
Aussi, n'allez donc pas, obscur folliculaire,
Quand vous m'insulterez, compter sur mon mépris,
Le plus vil d'entre vous pourrait s'y trouver pris.
En vain de sa bassesse un Pradon s'environne,
Boileau, dans son courroux, ne méprisait personne.

A qui donc cet Hercule a-t-il légué ses traits ?
Faudra-t-il s'en tenir à d'impuissans regrets ?
Et quand je vois partout, à l'abri du silence,
Pulluler de Cotins une famille immense,
Lorsqu'un hardi bouffon, assiégeant les Français,
Vient quêter sans pudeur l'opprobre d'un succès,

Et qu'une légion de beaux esprits manœuvres
Harcèle des lecteurs fatigués de chefs-d'œuvres,
— Ne pourrais-je du moins dans un jour de gaîté,
Condamner un Garasse à l'immortalité.
Ah? d'un sort plus obscur goûtons les avantages :
Des destins trop brillans amènent trop d'orages.
Non, non, je n'irai point, séchant dans les travaux,
Aux intérêts du goût immoler mon repos :
Dussé-je, vers la fin d'une vie abusée,
Couvrir mon front blanchi, des lauriers d'un Musée!
Je suis loin de prétendre à cet excès d'honneur.
Tel qu'un sage, à l'écart, poursuivant le bonheur,
Je veux passer sans bruit et glisser dans la vie,
Pour ne pas réveiller les serpens de l'envie.
Allons, frère Lourdis, donnez-nous chaque mois,
L'extrait de votre esprit et de l'esprit des lois :
Tandis qu'à m'endormir votre prose s'obstine,
Clément fond sur Voltaire, et Mercier sur Racine.

O Frédéric ! tu vois vers quelle affreuse nuit
Précipite ses pas le siècle qui s'enfuit !
Le noble champ des arts n'est plus qu'un cimetière,
Figaro foule en paix la cendre de Molière ;
Un silence de mort règne dans ces déserts.
Seulement quelquefois, on entend dans les airs,
Des drames gémissans les voix mélancoliques,
Et des journaux hargneux les cris périodiques.
Grand Roi ! que tu naquis en de plus heureux tems !
Le ciel brillait alors de flambeaux éclatans,

Qui versant à grands flots leurs feux et leur lumière,
De Frédéric naissant, éclairaient la carrière.
Bientôt le nord tremblant au bruit de tes exploits,
Te vit associer, seul entre tous les rois,
Au casque des héros le laurier des poètes,
Et le charme des vers à l'éclat des conquêtes.

Heureux le conquérant sur le Pinde monté
Qui se fait à lui seul son immortalité !
De Mars et d'Apollon c'est une loi suprême,
Qu'un héros soit chanté, s'il ne chante lui-même.
Aussi, combien de rois, malgré leurs grands travaux,
Indignement couchés dans la nuit des tombeaux !
On n'a pu d'une larme honorer leur mémoire,
Vingt siècles en silence ont passé sur leur gloire :
Et pourtant ils vivaient, si d'un fils d'Apollon
La voix harmonieuse eût consacré leur nom.

Du vieillard de Ferney la main brillante et pure,
Tressa de tes lauriers l'immortelle verdure,
Et sur le même autel où tu reçus ses vœux,
Il t'offrit un encens qui brûlait pour tous deux ;
Vous commerciez de gloire en vous rendant hommage.
Vos noms toujours nouveaux, rajeunis d'âge en âge,
Brillant du double éclat des armes et des vers,
En vainqueurs alliés parcourront l'univers ;
Et l'on dira toujours, Frédéric et Voltaire,
Comme on unit encore Achille avec Homère.

LE CHOU ET LE NAVET.

LE CHOU A M. L'ABBÉ DELILLE.

Lorsqu'en sous tes emprunts masquant ton indigence,
Des esprits étrangers tu cherchais l'alliance,
D'où vient que ton esprit et ton cœur en défaut
Du Jardin potager ne dirent pas un mot ?
Il aurait pu fournir à ta veine épuisée
Des vrais trésors de l'homme une peinture aisée :
Le verger de ses fruits eût décoré tes chants,
Et mon nom t'eût valu des souvenirs touchans.

N'est-ce pas moi, réponds, créature fragile,
Qui soutins de mes sucs ton enfance débile ?
Le Navet n'a-t-il pas dans le pays latin,
Longtems composé seul ton modeste festin,
Avant que dans Paris ta muse froide et mince
Egayât les soupers du commis et du prince ?
Enfant dénaturé, si tu rougis de moi,
Vois tous les Choux d'Auvergne élevés contre toi !
Songe à tous mes bienfaits, délicat petit-maître,
Ma feuille t'a nourri, mon ombre t'a vu naître :
Dans tes jardins anglais tu me proscris en vain ;
Adam au Paradis me plantait de sa main ;
Le Nil me vit au rang de ses Dieux domestiques,
Et l'auteur immortel des douces Géorgiques,

De ses grandes leçons interrompant le fil,
S'arrêta dans son vol pour chanter le Persil (1).
Que ne l'imitais-tu ? mais ta frivole muse,
Quêtant un sentiment aux échos de Vaucluse,
De Pétrarque en longs vers nous rabâche la foi,
Et ne réserve pas d'hémistiche pour moi.
Réponds donc maintenant aux cris des Chicorées,
Aux clameurs des Oignons, aux plaintes des Poirées.
Ou crains de voir bientôt, pour venger notre affront,
Les Chardons aux Pavots s'enlacer sur ton front.

LE NAVET, AU CHOU

J'ai senti, comme toi, notre commune injure ;
Mais ne crois pas, ami, que par un vain murmure,
Des Oignons irrités j'imite le courroux :
Le ciel fit les Navets d'un naturel plus doux.
Des mépris d'un ingrat le sage se console.
Je vois que c'est pour plaire à ce Paris frivole

---

(1) Virgile par le peu de mots qu'il adresse aux Jardins, a tendu un piége où M. l'abbé Delille, le P. Rapin et quelques autres moins connus n'ont pas manqué de donner. Ils n'ont pas vu que ce grand homme ne se plaint, vers la fin de sa carrière, de n'avoir pu chanter les Jardins, que pour donner plus de charme au morceau qu'il leur consacre, en y attachant un regret. Cet excellent esprit voyait bien que s'il étendait trop le sujet, il le ferait rentrer dans les Géorgiques, c'est-à-dire dans le grand tableau des champs, et que réduit à ses justes bornes, il ne pouvait fournir qu'un épisode.

Qu'un poète orgueilleux veut nous exiler tous
Des jardins où Virgile habitait avec nous.
Un prêtre dans Memphis avec cérémonie,
Eût conduit au bûcher le candidat impie (1);
Mais le tems a détruit Memphis et nos grandeurs.
Il faut à son état accommoder ses mœurs.
Je permets qu'aux boudoirs, sur les genoux des belles,
Quand ses vers pomponnés enchantent les ruelles,
Un élégant abbé rougisse un peu de nous,
Et n'y parle jamais de Navets et de Choux.
Son style citadin peint en beau les campagnes;
Sur un papier chinois il a vu les montagnes,
La mer à l'Opéra, les forêts à Long-Champs,
Et tous ces grands objets ont ennobli ses chants.
Ira-t-il, descendu de ces hauteurs sublimes,
De vingt noms roturiers déshonorer ses rimes,
Et pour nous renonçant au musc du parfumeur,
Des Choux qui l'ont nourri lui préférer l'odeur ?
Papillon en rabat, coëffé d'une auréole,
Dont le manteau plissé voltige au gré d'Eole,
C'est assez qu'il effleure, en ses légers propos,
Les bosquets et la rose, et Vénus et Paphos.
La mode à l'œil changeant, aux mobiles aigrettes,
Semble avoir pour lui seul fixé ses girouettes ;
Sur son char fugitif où brillent nos Laïs,
L'ennemi des Navets en vainqueur s'est assis;

---

(1) On sait qu'à Memphis et dans toute l'Egypte, on rendoit les honneurs divins aux légumes.

Et ceux qui pour Janot abandonnent Préville,
Lui décernent déja les lauriers de Virgile (1).

LE CHOU.

Qu'importent des succès par la brigue surpris?
On connaît les dégoûts du superbe Paris (2).
Combien de grands auteurs dans les soupers brillèrent,
Qui, malgré leurs amis, au grand jour s'éclipsèrent?
Le monde est un théâtre; et dans ses jeux cruels,
L'idole du matin le soir n'a plus d'autels.
Nous y verrons tomber cet esprit de collège,
De ses Dieux potagers déserteur sacrilège :
Oui, la fortune un jour vengera notre affront ;
Sa gloire passera, les Navets resteront.

VERS A UNE JEUNE IGNORANTE.

Vous dont l'innocence repose
Sur d'inébranlables pivots,
Pour qui tout livre est lettre close,
Et qui de tous les miens ne lirez pas deux mots :
Qui, loin de distinguer les vers d'avec la prose,
Ne vous informez pas si les biens ou les maux
Ont l'encre et le papier pour cause ;

---

(1) M. l'abbé Delille a été loué sur le théâtre des Variétés.
(2) *Nescis, heu nescis nostræ fastidia Romæ !*

S'il est d'autres lauriers ou bien d'autres pavots
    Que ceux qu'un jardinier arrose ;
Et qui ne soupçonnez de plumes qu'aux oiseaux ;
Vous qui m'offrez souvent l'aide de vos ciseaux
Dans les difficultés que l'étude m'oppose,
Ou quelques bouts de fil pour coudre mes propos ;
Ah ! conservez-moi bien tous ces jolis zéros,
    Dont votre tête se compose.
    Si jamais quelqu'un vous instruit,
    Tout mon bonheur sera détruit
    Sans que vous y gagniez grand'chose.
Ayez toujours pour moi du goût comme un bon fruit,
    Et de l'esprit comme une rose.

RÉPONSE AUX VERS PRÉCÉDENS.

    Cette morale peu sévère
    Séduira plus d'un jeune cœur ;
Il est commode et doux de n'employer pour plaire,
    Que ses attraits et sa fraîcheur :
    Mais un amant que l'esprit indispose,
    Peut-il être constant ? Oh ! non ;
Celui qui pour aimer ne cherche qu'une rose,
    N'est sûrement qu'un papillon.

Portrait de Frédéric II.

Poète conquérant, sage voluptueux,
Ce Roi qui sut instruire et ravager la terre,
Se dégoûta des vers, des rois et de la guerre,
Méprisa ses sujets et les rendit heureux.

Inscription de la porte de l'Enfer.

Traduite du Dante.

C'est moi, qui vis tomber les légions rebelles;
C'est moi, qui vois passer les races criminelles;
C'est par moi qu'on arrive aux douleurs éternelles;
La main qui fit les cieux posa mes fondemens;
J'ai de l'homme et du jour précédé la naissance;
    Et je dure au-delà des tems:
Entre, qui que tu sois, et laisse l'espérance.

Lettre de RIVAROL *à Mme de* FOUGY, *en lui envoyant du baume de la Mecque.*

17 octobre 1796.

Madame, puisque vous ne m'envoyez pas votre flacon, je prends le parti de vous envoyer le mien, d'autant plus que, réflexion faite, il me reste assez de baume pour le donner tout, pas assez pour le partager.

> Voilà ce baume de la Mecque
> Dont l'Orient fait si grand cas,
> A qui plus d'une beauté grecque
> Doit le secret de ses appas,
> Et qui sans vous ne quittait pas
> Le coin de ma bibliothèque.

J'ai pourtant hésité à vous l'envoyer, en songeant combien les propriétés de ce baume vous sont inutiles ;

Car ce n'est point de l'Arabie
Que vous avez reçu cette fleur de beauté
Qui ne peut vous être ravie :
La nature vous fit dans un jour de gaîté ;
Flore depuis vous a suivie,
Et le printems, son député,
S'est chargé seul de votre vie ;
En si brillante compagnie,
Je conçois bien en vérité
Que l'on dédaigne ou qu'on oublie
Un ingrédient inventé
Pour les teints de la Géorgie :
Car au fond l'art le plus vanté
N'est qu'un besoin, et l'industrie
Est fille de la pauvreté.

Votre opulence n'a donc que faire de cet ingrédient ; il ne vous faut ici drogue ni recette, et j'en suis bien fâché :

Ah ! si vous ne saviez que feindre,
Si votre éclat n'était que fard,
Si votre esprit n'était qu'un art,
Vous ne seriez pas tant à craindre :
On peut braver les airs vainqueurs
Et les armes d'une coquette,

Qui n'a pour attaquer les cœurs
Que l'arsenal de sa toilette :
Mais vous plaisez sans y penser,
Et votre paisible indolence,
Qui ne connaît pas sa puissance,
Ne sait que trop bien l'exercer.

C'est ainsi que vous me faites du mal paisiblement et innocemment ; il est vrai que le baume de la Mecque a la propriété de fermer une blessure en moins de rien, que c'est avec lui qu'on fait le vrai taffetas d'Angleterre, et que Mahomet lui doit ses plus grands miracles, mais je vous défie de vous en servir avec autant de bonheur que lui :

Sachez, vous qui lancez des traits
Dont les atteintes sont si sûres,
Qu'il n'existe point de secrets
Qui guérissent de vos blessures.

Voilà donc deux propriétés de ce

suc divin aussi inutiles à vous qu'aux autres ; mais il lui reste encore (car il faut que je vante mon baume) d'être le premier des aromates : l'antiquité lui donnait le pas sur tous les parfums ;

A ce titre il vous était dû :
Vénus n'en reçut pas de plus doux sur la terre ;
Mais avec vous c'est tems perdu :
Votre divinité sévère
Se moquera de sa vertu ;
Vous encenser n'est pas vous plaire.

A force de parler, je découvre pourtant à cette fameuse résine une vertu à votre usage ; c'est qu'elle est admirable pour les poitrines délicates ; songez que vous allez passer l'hiver au 54e. degré de latitude nord : vos poumons pourraient bien avoir à souffrir de ce froid rigoureux qui va, dit-on, jusqu'à fendre les pierres :

Aussi quand vos beaux yeux, à travers vos carreaux,
Verront, en clignotant sous leurs noires paupières,
    Nos humbles toits et leurs goutières
    Se charger de brillans cristaux ;
Quand les belles de**, au fond de leurs traîneaux
    Auront placé leurs gros derrières,
    Et qu'elles y seront moins fières
De leurs amans transis que de leurs grands chevaux;
    Quand vous lirez dans les journaux
    Que les Naïades prisonnières
Dans leur lit immobile ont suspendu leurs eaux,
Et que des chars tremblans ont tracé des ornières
    Où voguaient d'agiles vaisseaux ;
Lorsqu'un des envoyés des trois Sœurs filandières,
Le catharre, viendra livrer ses durs assauts
    Au lourd habitant des bruyères
    Que l'Elbe arrose de ses flots,
Alors gardez le coin de vos brûlans fourneaux:
N'allez pas imiter les modes meurtrières
Des épais descendans des Teutons et des Goths,
Qui des deux Océans gardent mal les barrières,
    Gens qui feraient fort à propos,
    S'ils nous empruntaient nos manières,
    Et s'ils nous prêtaient leurs lingots;
    Mais dont les humides cerveaux
Nés pour les fluxions et non pour les bons mots,
    Ont la pesanteur des métaux
    Qu'ont entassés leurs mains grossières ;
    Gens qui trafiquent de nos maux ;

Fripons toujours anciens, fripons toujours nouveaux,
    Nous volant tout hors nos lumières;
Qui, se croyant subtils, quand ils ne sont que faux,
    Veulent marcher sous deux bannières,
Et suivant du calcul les timides lisières,
    Craignent à la fois les panneaux
    Des Anglais, leurs dignes rivaux,
    Et les sanglantes étrivières
    Que Paris doit à leurs travaux.
Quand la mort confondant leurs ames financières,
Les fait enfin passer de leurs poudreux bureaux
    Dans ses étroits et noirs caveaux,
On les voit cheminer devers leurs cimetières
    En uniforme de corbeaux,
Et descendre à pas lents dans ces tristes carrières,
    A la lueur de cent flambeaux,
    Escortés de porte-manteaux
Dont ils ont acheté les pleurs et les prières,
Et les crêpes pendans et les vastes chapeaux;
    Malheureux qui sont assez sots,
    Pour ne décorer que leurs bières,
    Et qui sont mieux dans leurs tombeaux
    Qu'ils n'ont été dans leurs tanières.

Comme vous n'avez ni leur mauvais goût, ni leurs robustes fibres, et que vous n'êtes pas femme à vous consoler de la mort, dans l'espoir que votre enterrement pourra nous ruiner en édifiant les ***, je me flatte que vous laisserez la, et leurs courses à chariots découverts, et leurs repas, et leurs visites : songez-y donc,

> Le ciel dans sa magnificence
> Vous garantit votre beauté ;
> Le Tems qui signa le traité,
> Respectera cette assurance ;
> Mais il laissa votre santé
> Entre les mains de la Prudence.

Si vous n'oubliez pas mes avis, vous ferez fréquemment un air nouveau avec des fumigations aromatiques ; cet air artificiel que j'ai apposé avec succès aux brouillards de Londres, vous sera très-salutaire :

Il vous conservera cette touchante voix
Dont les sons enchanteurs m'ont séduit tant de fois...
    Ce dernier vers est de Zaïre ;

Je n'ai pas craint de le citer :
On fait très-bien de répéter
Ce qu'on ne saurait mieux dire :
Sans doute quand il fit ces vers brillans et doux,
Voltaire était prophète et ne songeait qu'à vous.

Au reste, quand vous aurez brûlé, respiré, avalé tout ce baume, n'allez pas jeter la petite phiole : elle aura un emploi que vous ne lui soupçonnez guères ; gardez-la, je vous prie, je pourrai en avoir affaire :

Il faut tout craindre, on peut tout croire :
Si jamais je perds la raison
Comme le bon Roland, d'amoureuse mémoire,
Je prétends qu'elle ira loger dans ce flacon,
Heureuse de troquer la gloire
Contre une si douce prison.

PARODIE DU SONGE D'ATHALIE.

M. G. à Madame de G. qui traverse le Lycée.

Savante Gouverneur, est-ici votre place ?
Pourquoi ce teint plombé, cet œil creux qui nous glace ?
Parmi vos ennemis que venez-vous chercher ?
De ce bruyant Lycée osez-vous approcher ?
Auriez-vous dépouillé cette haine si vive ?...

Madame de G.

Prêtez-moi l'un et l'autre une oreille attentive.
Je ne veux point ici rappeler le passé,
Ni vous rendre raison de ce que j'ai versé.
Ce que j'ai fait, Gaillard, j'ai cru devoir le faire.
Je ne prends point pour juge un monde téméraire.
Quoique sa médisance ait osé publier,
Un grand prince a pris soin de me justifier.
Sur de petits tréteaux ma fortune établie
M'a fait connaître à Londre, et même en Italie :
Par moi votre clergé goûte un calme profond.
La Seine ne voit plus ce Voltaire fécond,
Ni cet altier Rousseau, par d'éternels ouvrages,
Comme au tems du feu Roi, dérober vos hommages.
La Sorbonne me traite et de fille et de sœur :
Enfin de ma raison le pesant oppresseur,

Qui devait m'entourer de sa secte ennemie,
Condorcet, Condorcet tremble à l'Académie.
De toutes parts pressé par un nombreux essaim
De serpens en rabat réchauffés dans mon sein,
Il me laisse à Paris souveraine maîtresse.....
Je jouissais en paix du fruit de ma finesse;
Mais un trouble importun vient depuis quelques jours,
De mes petits projets interrompre le cours.
Un rêve... (me devrais-je inquiéter d'un rêve?...)
Entretient dans mon cœur un chagrin qui me crève.
Je l'évite partout, partout il me poursuit.
C'était dans le repos du travail de la nuit.
L'image de B.u.f.f.o.n devant moi s'est montrée,
Comme au Jardin du Roi pompeusement parée;
Ses erreurs n'avaient point abattu sa fierté :
Même il usait encor de ce style apprêté,
Dont il eut soin de peindre et d'orner son ouvrage,
Pour éviter des ans l'inévitable outrage.
Tremble ! ma noble fille et trop digne de moi,
Le parti de Voltaire a prévalu sur toi;
Je te plains de tomber dans ses mains redoutables,
Ma fille !... En achevant ces mots épouvantables,
L'Histoire naturelle a paru se baisser :
Et moi je lui tendais les mains pour la presser.
Mais je n'ai plus trouvé qu'un horrible mélange
De quadrupèdes morts, et traînés dans la fange;
De reptiles, d'oiseaux, et d'insectes affreux,
Que B.e.x.o.n et G.u.e.n.e.a.u se disputaient entr'eux.

*Récit du Portier du sieur Pierre-Augustin
    Caron de Beaumarchais,*

PARODIÉ DU RÉCIT DE THÉRAMÈNE.

A peine Beaumarchais débarrassant la scène,
Avait de Figaro terminé la centaine,
Qu'il volait à Tarare ; et pourtant ce vainqueur
Dans l'orgueil du triomphe était morne et rêveur.
Je ne sais quel chagrin le couvrant de son ombre,
Lui donnait, sur son char, un maintien bas et sombre.
Ses vertueux amis (1), tristement affligés,
Copiaient son allure autour de lui rangés.
Sa main sur Sabatto laissait flotter les rênes ·
Il filait un di cours (2) tout rempli de ses peines.
Les Se***, les Gu***, qu'on voyait autrefois,
Fanatiques ardens obéir à sa voix,
L'œil louche maintenant et l'oreille baissée,
Semblaient se conformer à sa triste pensée.
Un effroyable écrit, sorti du sein des eaux (3),
Des Perr er tout-à-coup a troublé le repos ;

---

(1) Cette apostrophe est de Beaumarchais ; elle est devenue injure et proverbe.
(2) Expression de Beaumarchais : *filer des phrases et tricoter des mots*.
(3) Premier écrit sur les eaux de Paris.

Et du fond du Marais une voix formidable
Se mêle éloquemment à l'écrit redoutable (1).
Jusqu'au fond de nos cœurs notre sang est glacé :
Des Badauds attentifs le crin s'est hérissé.
Cependant sur le dos d'un avocat terrible (2),
S'élève avec fracas un mémoire invincible :
Le volume s'approche et vomit à nos yeux,
Parmi de noirs flots d'encre, un monstre furieux (3).
Son front large est couvert de cornes flétrissantes ;
Tout son corps est armé de phrases menaçantes.
Indomptable Allemand, banquier impétueux,
Son style se recourbe en replis tortueux ;
Ses longs raisonnemens font trembler le complice ;
Sa main avec horreur va démasquer le vice.
Le Châtelet s'émeut, Paris est infecté,
Et tout le Parlement recule épouvanté.
On fuit ; et sans s'armer d'un courage inutile,
Dans les cafés voisins chacun cherche un asile.
Pierre-Augustin lui seul, protecteur des Nassaux,
Harangue sa cabale et saisit ses pinceaux,
Pousse au monstre un pamphlet *vibré* d'une main sûre (4),
Et que dans quatre nuits trama son imposture.

---

(1) Réplique du comte de Mirabeau.
(2) M. de Bergasse.
(3) Le sieur Kornman avouant la conduite de sa femme.
(4) Dans la préface sérieuse de *Figaro*, l'auteur dit qu'au seul nom de Conti, on sent *vibrer* le vieux mot *patrie*. A quoi un puriste a répondu, qu'au nom de Beaumarchais on entendait vibrer les fouets de St.-Lazare.

De dégoût et d'horreur le monstre pâlissant,
Autour de Beaumarchais se roule en mugissant :
Il baille, et lui présente une gueule enflammée,
Qui le couvre à la fois de boue et de fumée.
La peur nous saisit tous : pour la première fois
On vit pleurer Gn*** et rougir S*** (1).
En calembourgs forcés leur maître se consume;
Ils n'attendent plus rien de sa pesante plume.
On dit qu'on a vu même, en ce désordre affreux,
Le Noir qui d'espions garnissait tous les lieux.
Soudain vers l'Opéra l'effroi nous précipite :
On nous suit; nous entrons : mon maître mis en fuite
Voit voler en lambeaux Tarare fracassé ;
Dans les rênes lui-même il tombe embarrassé.
Excusez ma longueur. Cette scène cruelle
Sera pour moi d'ennuis une source éternelle.
J'ai vu, Messieurs, j'ai vu ce maître si chéri
Traîné par un exempt que sa main a nourri (2).
Il veut le conjurer, mais l'exempt est de glace.
Ils montent dans un char qui s'offre sur la place :
De nos cris glapissans le quartier retentit.
Le fiacre impétueux enfin se rallentit.
Il s'arrête non loin de cet hôtel antique,
Où de Vincent de Paule est la froide relique (3).

---

(1) Le premier rit toujours, et il est douteux que le second ait rougi.
(2) L'exempt qui l'a arrêté dînait tous les jours chez lui.
(3) Saint-Lazare.

J'y cours en soupirant, et la garde me suit;
D'un peuple d'étourneaux la file me conduit.
Le faubourg en est plein : cent bouches dégoûtantes
Content de Beaumarchais les détresses sanglantes.
J'arrive; je l'appelle, et me tendant la main,
Il ouvre le guichet qu'il referme soudain.
« Le Roi, dit-il alors, me jette à Saint-Lazare;
« Prenez soin entre vous du malheureux Tarare.
« Cher ami, si le Prince, un jour plus indulgent,
« Veut bien de cet affront me payer en argent,
« Pour me faire oublier quelques jours d'abstinence,
« Dis-lui qu'il me délivre une bonne ordonnance (1);
« Qu'il me rende..... » A ces mots le héros contristé,
Sans couleur et sans voix dans sa cage est resté;
Triste objet où des rois triomphe la justice,
Mais qu'on n'aurait pas dû traiter comme un novice.

---

(1) En effets.

PORTRAIT.

Armande a pour esprit des momens de délire;
Armande a pour vertu le mépris des appas,
Elle craint le railleur que sans cesse elle inspire;
Elle évite l'amant qui ne la cherche pas.
Puisqu'elle n'a point l'art de cacher son visage,
Et qu'elle a la fureur de montrer son esprit,
Il faut la défier de cesser d'être sage,
  Et d'entendre ce qu'elle dit.

SUR FLORIAN.

 Ecrivain actif, guerrier sage,
 Il combat peu, beaucoup écrit:
 Il a la croix pour son esprit,
 Et le fauteuil pour son courage.

Réponse de la Couleuvre aux éloges que Mme. de G***. lui a adressés dans une pièce de vers.

J'ai lu les bouts-rimés où vous bravez en paix
  Le goût, la langue et l'harmonie;
Ces vieux tyrans du Pinde ont péri sous vos traits;
  C'est la révolte du génie.

Leur fatale aristocratie,
Parmi tant de débris, résistait aux Français ;
Mais grâce à vos heureux essais,
Plus d'art, plus de talent et plus de poésie.
Cette orgueilleuse Polymnie,
Sur ses monts escarpés, dans ses antres secrets,
Connaîtra la démocratie,
Et va ramper sur ces sommets
Où l'esprit ne planait qu'à l'aide d'Uranie.
Genlis, ce sont là vos bienfaits,
C'est à vous seule désormais
De peindre, d'affranchir et d'enchanter les bêtes.
Mais, dites-moi pourquoi, riche comme vous l'êtes,
Vous semblez, dans ces vers qui nous ont tant flattés,
Voir d'un regard jaloux nos faibles qualités ?
La couleuvre la plus subtile
Serait novice à vos côtés.
Et que sont, en effet, tous les tours d'un reptile,
Près de ceux que vous connaissez ?
Qu'est-ce que le venin que par fois je distille,
Au prix du fiel que vous versez,
Et des poisons de votre style ?
Antique et savante Sybille,
En vain dans les serpens tout vous charme et vous rit ;
Nous avons votre cœur, sans avoir votre esprit ;
Et vous savez, serpent vous-même,
Que ma langue n'est plus que le muet emblème
De celle qui chez vous avec art réunit
La voix que j'ai perdue à la feinte que j'aime.

C'est par là qu'autrefois j'égalais vos destins :
Si vous avez séduit le plus vil des humains,
Je corrompis d'abord la première des femmes ;
J'empoisonnais jadis et les corps et les ames :
Mais que je payai cher mes trop heureux desseins !
A mon premier succès le Nil bornant mon rôle,
  Me proscrivit dans l'univers,
M'ordonna de ramper tout ainsi que vos vers,
Et ne me laissa pas, comme à vous, la parole ;
Mais si de mon empire on m'ôta la moitié,
  Il me resta votre amitié
  Et les leçons de votre école :
Tout serpent avec vous s'instruit et se console :
Régnez donc ! infectez les deux départemens
Des esprits et des corps ; tel est votre partage :
Ne me prodiguez plus vos adroits complimens
  Et votre insidieux hommage
A moi, qui n'ai sur vous que le frêle avantage
De quelques dents de plus et de mes sifflemens ;
  Encor sont-ils à votre usage.
Et si, pour vous servir, ce n'était pas assez
  Des serpens que vous caressez
  Et du dragon du voisinage (1),
Vos lecteurs de sifflets seront toujours armés.
A s'accorder pour vous ils sont accoutumés,
  Et leur concert attend l'ouvrage
  Qu'on dit chez nous que vous tramez.

---

(1) Allusion à un officier de dragons qui se trouvait alors dans le voisinage de madame de Genlis.

SUR MIRABEAU,

Qui venait d'écrire contre les agioteurs.

Puisse ton Homélie, ô pesant Mirabeau,
Assommer les fripons qui gâtent nos affaires !
Un voleur converti doit se faire bourreau,
Et prêcher sur l'échelle en pendant ses confrères.

SUR CHATEAUNEUF,

Neveu de Dumourier.

C'est l'ennemi de Théocrite,
Et qui pis est, de Jésus-Christ :
Un Grec, un Dieu sont sans esprit
Entre les mains d'un hypocrite
Qui trahit les gens qu'il traduit.

SUR LE MÊME.

Chateauneuf est au bas de la littérature.
Au-dessus de Basset, qui lui sert de monture.

SUR BEAUZÉE.

Entre les deux supins, ô sort digne d'envie !
Grammaticalement il consuma sa vie.

LES DEUX G***.

Nous avons deux G***, l'un écrit, l'autre chante.
Admirez, j'y consens, leur talent que l'on vante;
Mais ne préférez pas, si vous formez un vœu,
La cervelle de l'oncle au gosier du neveu.

ÉPIGRAMME.

Si tu prétends avoir un jour ta niche
Dans ce beau temple où sont quarante élus,
Et d'un portrait guindé vers la corniche,
Charmer les sots, quand tu ne seras plus:
Pas n'est besoin d'un chef-d'œuvre bien ample,
Il faut fêter le sacristain du temple;
Puis ce monsieur t'ouvrira le guichet
Puis de lauriers tu feras grande chère,
Puis immortel seras comme Porchère,
Maury, Cotin, et La Harpe et Danchet.

TABLE DES MATIÈRES.

Notice sur Rivarol.	Page j
Métaphysique.	1
Politique.	32
Religion.	55
Morale.	60
Histoire.	75
Langues.	77
Littérature.	85
Critique.	121
Beaux-Arts.	131
Anecdotes et Bons mots de Rivarol.	139
Préface du petit almanach des grands hommes.	187
Epilogue du petit almanach.	200
Les aveux, ou l'arche de Noé.	208
Supplément aux bons mots de Rivarol.	217
Poésies.	229

FIN.

www.ingramcontent.com/pod-product-compliance
Lightning Source LLC
Chambersburg PA
CBHW071124160426
43196CB00011B/1798